MACROECONOMICS

はじめて学ぶ
マクロ経済学

池野秀弘・木口武博・木村雄一 著

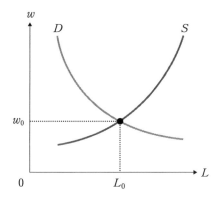

慶應義塾大学出版会

はしがき

　本書は、大学ではじめてマクロ経済学を学ぶ人への入門書です。本書の作成の過程では商学部、経営学部、経済学部の学生を念頭におきましたが、しかし、本書を読み進めるために特に前提としている経済学の知識はありません。マクロ経済学をはじめて学ぼうとする他の学部の学生も十分に読み進めることができると思います。

　本書は、実際の大学の1年間の講義を想定し、その授業で取り扱えるような内容と分量としました。一方、実際の講義の教科書として使えるだけではなく、学生が1人で読み進めていきマクロ経済学の基礎を学ぶこともできるようにも心がけました。内容はマクロ経済学の基本を理論的にはきちんと説明しながらも、新聞やその他のメディアのニュースでマクロ経済学に関わるものを容易に理解できるようになることを心がけました。

　筆者はマクロ経済学を自らの専門分野としたことをとても幸運なことであったと考えています。経済理論と現実の経済の両方をつねに意識しながら、社会の動きを分析・考察し、あるべき政策を考えていくことは興味のつきないことです。みなさんにも同じような経験をいくらかでもしていただければと思っています。

　本書の執筆にあたり、日本大学名誉教授の関谷喜三郎先生から多くの有益なご助言をいただきました。また、慶應義塾大学出版会の永田透さんと太田ひかるさんには企画から編集まで適切なアドバイスをいただきました。最後になりますが、関谷先生と永田さん、太田さんに深く感謝する次第です。

筆者一同

本書の構成

　本書の構成は伝統的な経済学の学習方法にもとづいています。つまり、まずは基礎的なことをシンプルな枠組みで学び、それから、現実の経済に対応した要素を順次追加していき、最終的に複雑な経済現象の分析・考察ができるようになることを目指します。

　第1章は経済学の基本概念の説明に加えて、ミクロ経済学と比較しながらマクロ経済学の特徴を説明します。そして、第2章では国内総生産GDPと物価の基本的説明がなされます。この部分は、マクロ経済学への導入ともいうべきものです。

　第3章と第4章は消費と投資に着目しながら財市場において生産がどのように決まるかを説明します。また、第5章は財政と財市場の関係を説明します。第3章から第5章は、財市場の仕組みについて学ぶことになります。一方、第6章と第7章は銀行組織や利子率に着目しながら貨幣市場について説明します。そして、第8章では、それまでの成果を踏まえて、財市場と貨幣市場を組み合わせて経済全体の均衡を分析するとともに、その枠組みを用いて財政・金融政策の効果を説明します。

　第9章はマクロ経済の中でも重要な役割を果たす労働市場について説明され、とりわけ失業の問題について着目しています。

　第10章は総需要・総供給の観点からマクロ経済全体を考察し、そして、第11章はインフレ・デフレの問題の考察です。この部分は、物価水準がどのように決まり、物価水準の変動がマクロ経済にどのような影響があるかを学ぶことになります。

　第12章は海外との資金と財の流れ、つまり、国際金融や国際貿易のマクロ経済への影響が説明され、第13章はマクロ経済が時間とともにどのように変動していくか、つまり、経済成長や景気の変動について説明されます。

　最後に、第14章はそれまで学習の応用として、日本経済に起きたいくつかの重要なできごとについてマクロ経済学の知識を用いながらそのメカニズムと影響について説明されます。

はしがき　iii

本書の構成　iv

第1章 マクロ経済学って何だろう？
市場とマクロ経済 ── 001

1-1　3つの市場と3つの経済主体　001
1-2　経済学のアプローチ：ミクロとマクロ　003

第2章 経済を大きく捉える
GDPと物価 ── 007

2-1　GDP（国内総生産）とは何か　007
2-2　GDPを別の側面からみる：三面等価の原則　010
2-3　投資とは何か　012
2-4　名目GDPと実質GDP　012
2-5　モノの値段を集約する：物価指数　015

第3章 消費と投資はどうして重要なのか
財市場の分析 ── 021

3-1　消費関数という考え方　021
3-2　長い人生、いつお金を使う？：ライフ・サイクル仮説　025
3-3　どんな投資をすべきか：投資の限界効率と利子率　027

3-4 投資関数という考え方　029
3-5 投資家はつねに合理的か：アニマル・スピリット　030

GDPはどう決まるのか —— 033

4-1 総需要がGDPを決める：有効需要の原理　033
4-2 GDPの決まり方　034
4-3 GDPの決まり方：図解　035
4-4 乗数という考え方　037
4-5 投資が増えるとGDPは何倍にもなる：乗数効果　039

政府は何をするのか
財政とGDP —— 043

5-1 政府支出を含めたGDPの決定　043
5-2 政府支出乗数と租税乗数　044
5-3 乗数効果は実際どれくらいあるのか　045
5-4 財政の3つの機能　046
5-5 日本の財政：税金と国債　048
5-6 どうやって国の借金を返すのか：累積債務の問題　050

第6章 お金はどうして重要なのか
貨幣と利子率 —— 057

6-1 貨幣の3つの機能　057
6-2 経済にどれくらいお金があるのか：マネー・ストック　059
6-3 さまざまな銀行組織　061
6-4 利子率と債券価格の関係　063

第7章 お金はどこから生まれるのか
貨幣市場 ―― 069

- 7-1 お金がどんどん増える?：信用創造　069
- 7-2 中央銀行がお金をコントロールする　070
- 7-3 お金はなぜ必要になるのか：貨幣需要関数　074
- 7-4 流動性という考え方　075
- 7-5 利子率はどう決まるのか　076
- 7-6 日本における中央銀行と金融市場の関係　077

第8章 財市場と貨幣市場を同時に考える
IS-LM分析 ―― 081

- 8-1 財市場とIS曲線　081
- 8-2 貨幣市場とLM曲線　084
- 8-3 財政・金融政策の効果：IS-LM分析　086

第9章 失業はどうして起こるのか
労働市場 ―― 091

- 9-1 労働力とは何か：就業者と失業者　091
- 9-2 失業率のデータをみる　094
- 9-3 賃金の決まり方：労働市場の分析　095
- 9-4 失業はなぜ発生するのか　098
- 9-5 失業への対策：マクロとミクロのアプローチ　101
- 9-6 日本の労働市場はどうなっているのか　102

第10章 マクロ経済の全体像をみる AD-AS分析 ——— 103

- 10-1 物価と総需要：AD曲線　103
- 10-2 物価と総供給：AS曲線　105
- 10-3 AD-ASモデルの使い方　106
- 10-4 不完全雇用と完全雇用のAD-ASモデル　109

第11章 インフレとデフレ ——— 111

- 11-1 インフレやデフレはなぜ発生するのか　111
- 11-2 インフレやデフレの影響：メリットとデメリット　114
- 11-3 失業とインフレの関係：フィリップス曲線　116

第12章 開放経済を分析する 為替レートと国際収支 ——— 119

- 12-1 為替レートと国際収支表　119
- 12-2 為替レートはどうやって決まる？　124
- 12-3 輸出・輸入はどうやって決まる？　125
- 12-4 自由な資本移動のある経済：マンデル・フレミングモデル　127
- 12-5 固定相場制 vs 変動相場制　131

第13章 景気循環・経済成長とは何か —— 133

- 13-1 景気循環の考え方 133
- 13-2 経済成長の考え方 135
- 13-3 経済成長を計算する 137
- 13-4 経済成長の3つの要因 138
- 13-5 経済成長の理論 139

第14章 日本経済を考える
マクロ経済学の応用 —— 143

- 14-1 バブルの発生と終焉 143
- 14-2 「失われた30年」とは何か 148
- 14-3 深刻な少子高齢化にどう対応するか 152

索引 156

column

- 「経済」の語源 004
- ケインズとマクロ経済学 005
- GDP速報値 017
- 日本の物価の動き 019
- ジニ係数と所得再分配 054
- フィッシャー効果 066
- 景気動向指数と日銀短観 141

第1章

マクロ経済学って何だろう？
市場とマクロ経済

は｜じ｜め｜に

　経済取引のなされる場を市場と呼び、そこには、人間のみならず企業や政府などの組織も取引に参加している。このような人間・組織を経済主体と呼ぶ。この章では、市場と経済主体の関係について考えながら経済の基本枠組みを考察する。また、ミクロ経済学と比較しながらマクロ経済学とはどのような分野であるかを考察する。

1-1　3つの市場と3つの経済主体

　経済学では、経済的に価値のあるものを財と呼ぶ。「経済的に価値がある」という表現はその意味がわかりにくいかもしれないが、価格のあるものは財と考えてよい。その財の売買の取引がなされる場を**市場**と呼ぶ。通常、「いちば」ではなく「しじょう」と呼ぶ。そこで、実際に売買をする者を**経済主体**と呼ぶ。売買などの経済的なことがらを決めていくことを**経済的意思決定**という。経済主体とは経済的意思決定を行うものを指し、経済を構成する最小単位である。市場という場の登場人物が経済主体と考えてよい。

　市場も経済主体もおよそ次のように分けることができる。

001

3つの主な市場

- **財市場**：自動車、食料などのモノに限らず、鉄道・航空の移動、通信など、サービスを含めたさまざまな財が取引される。
- **労働市場**：労働（労働サービス）が取引される。
- **金融市場**：資金が取引される。具体的には資金の貸借の取引がなされる。

3つの代表的経済主体

- **家計**：個人部門と考えてよい。
- **企業**：利潤のために生産活動を行う。必ずしも「会社」とは限らない。
- **政府**：中央政府（国）＋地方政府（地方自治体：都道府県・市町村）

　人間ばかりではなく、企業や政府といった組織も経済主体となる。また、企業や政府は日常会話のそれとは若干異なる意味があることに注意すべきである。農家のような個人であっても、米や野菜を出荷して所得を得ようとすれば、経済学では企業と考える。また、政府といっても国としての中央政府ばかりではなく、地方自治体も含んでいる。

　図1-1は各経済主体の市場における関係を表している。

　家計は財市場に参加するときは、買い手つまり需要側となり消費者と呼ばれる。労働市場に参加するときは、労働の売り手つまり供給側となり労働者と呼ばれる。労働は、働くという行為であることを強調して労働サービスとも呼ばれる。企業は財市場に参加するとき、売り手つまり供給側となる。労働市場に参加するとき、労働サービスの買い手となり需要側になる。企業が労働サービスを買うことは一般に雇用と呼ばれる。労働市場で取引されるものは労働サービスであり、労働者自身ではない。働き手そのものを売買する行為は奴隷制度であり、現代社会では許容されない。

図1-1 ▶ 市場における経済主体の関係

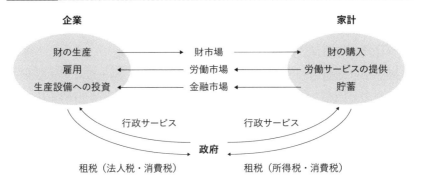

1-2 経済学のアプローチ：ミクロとマクロ

　経済現象の分析には大きく分けて**ミクロ経済学**と**マクロ経済学**の2つのアプローチがある。ミクロ経済学は個々の経済主体、つまり個々の消費者や企業、に焦点を当てこれらの経済主体が市場の価格の動きに応じてどのように行動し、その結果としての需要と供給の決定を明らかにしていく。一方、マクロ経済学は、経済全体に比較的簡単な因果関係を想定し経済の集計量を扱うことによって、好況・不況、インフレ・デフレ、経済政策の有効性、さらには国際収支などの問題を分析していく。

　そもそも、ミクロとは小さい、マクロとは大きいという意味である。その大小の違いは分析の視点にある。ミクロ経済学は小さな視点で1つ1つの経済主体に着目し、マクロ経済学は大きな視点で経済全体をまとめて分析する。マクロ経済学は集計量を扱うが、集計量とは、1つの数字（データ）で経済全体の動きを表すものである。たとえば国内総生産（GDP）は一国の生産活動全体の動きを表し、物価水準は経

済全体の価格の動きを表す。さまざまな経済事象を分析するには、両方の視点、つまりミクロ経済学とマクロ経済学の両方が必要となる。

　一方、**ケインズ経済学**と**新古典派経済学**の関係はマクロ経済学とミクロ経済学の関係とは異なる。両者は相対立するものである。ケインズ経済学は、経済を本質的に不安定なものとして捉える。景気後退や失業などの問題を抱え、それを是正するためには政府が財政支出などのかたちで経済の運営に積極的に関与していく必要があるとしている。一方、新古典派経済学は、経済を本質的に安定的なものとして捉え、政府による経済の運営への関与は、経済に望ましくない影響を与えるとしている。ケインズ経済学は、1930年代の世界的な恐慌の中で**ケインズ**（J.M. Keynes）によって体系化され、その後も多くの経済学者の研究によって発展した。一方、新古典派経済学はそれ以前からの伝統を引き継ぐかたちで形成されたもので、伝統的な主流派経済学が現代風の新しい数学・統計学などの手法をまとったという意味でこのような名称がつけられている。

---

column

「経済」の語源

　経済学とは経済に関する学問だが、その「経済」という言葉はどのようにして生まれたのだろうか。経済という言葉は19世紀に生まれた比較的新しい言葉である。当時、海外の書物に出てくるeconomyを翻訳した日本語がいくつも考案されたが、最終的に残ったものが経済であった。その直接の語源は中国の古典にある世の中を平穏に治め人民の苦しみを救うことを意味する「経世済民」とされる。そのため、しばしば経済学は「経世済民の術」といわれる。

column

ケインズとマクロ経済学

1929年ニューヨーク証券取引所の株価大暴落に端を発した大恐慌は、世界経済を大混乱に巻き込んだ。アメリカの失業率は25%、ドイツの失業率は40%となり、多くの人の仕事が奪われた。こうした状況の中で、資本主義経済ではなぜ失業が発生するのか、それを解消するにはどうすればよいかを解明する本が1936年に書かれた。ジョン・メイナード・ケインズの『雇用・利子および貨幣の一般理論』である。この本は、アダム・スミス以来の古典派経済学が説明することのできなかった失業の原因を明確にするものであった。この本が与えた影響は「ケインズ革命」と呼ばれ、マクロ経済学の誕生をもたらした。

ケインズは、失業が生じる原因は有効需要が不足するためであるとして「有効需要の原理」という考え方を展開した。生産が増えれば雇用も増加するので失業は減るが、生産を増やすには需要を増やす必要がある。需要が多ければ生産が拡大するので、雇用も増えるということである。しかしながら、大恐慌のようなときには、人々はモノを買う余裕がないので、需要の増加は期待できない。そこで、ケインズは政府が積極的に市場に介入し、公共事業などを行うことで、景気を拡大させる必要があると主張した。ケインズ政策である。

ケインズ以前の経済学では「供給はそれ自体が需要をつくり出す」という「セイの法則」が前提にあったので、企業が生産したものは残らず売れると考えられていた。しかし、現実の経済には売れ残りが生じ、そのために企業は生産を縮小し、雇用を減少させている。ケインズは、古典派のセイの法則の考え方に対して、「需要が供給を生み出す」という有効需要の原理を提唱することで経済学に革命的な変革をもたらした。

ケインズは1883年にイギリスのケンブリッジに生まれている。ケインズは、経済学者として有名なだけではなく、第1次世界大戦の終結に際して開催されたヴェルサイユ会議に、イギリスの全権代表として参加しており、政治の舞台でも活躍している。第2次世界大戦終了直後の1946年に63歳で亡くなった。

第 **2** 章

経済を大きく捉える
GDPと物価

は|じ|め|に

国内総生産（GDP）と物価はマクロ経済学の主要な2つの指標である。この章では国内総生産（GDP）が具体的にどのように定義されるかを説明し、それが所得や需要とどのような関係にあるかを考察する。また、経済全体の価格水準を物価と呼ぶが、それがどのように測られるのか説明する。

2-1　GDP（国内総生産）とは何か

マクロ経済学の主要課題は**国内総生産**（GDP）である。GDPはGross Domestic Productの頭文字をとったものであり、日本語では国内総生産と呼ばれる。国内の生産活動の結果として全体でどれだけの価値が生まれてきたかを示すもので、生産活動に関するもっとも重要な指標である。

GDPはある一定期間にある国の国内で生産された財・サービスの付加価値の合計額と定義される。**付加価値**とは次のようなものである。

付加価値＝生産額－中間投入物・中間生産物

007

たとえば、あるジュース・メーカーが年間8億円のオレンジ、3,000万円の紙パック、そして、5,000万円の光熱費を使って、14億円のジュースを出荷したとしよう。すると、このジュース・メーカーによって生じる付加価値は

$$14億円 － （8億円 ＋ 3000万円 ＋ 5000万円）＝ 5億2000万円$$

となる。オレンジ、紙パック、電気などのままであれば8億円＋3,000万円＋5,000万円の価値であったが、それらを使ってジュースを生産することによって14億円の価値としたのだから、ジュースの生産によって新たに生まれた価値は5億2,000万円となる。これがジュースの生産による付加価値となる。そして、その過程で使われた財は**中間投入物**（中間生産物）と呼ばれ、この例では8億8,000万円となる。このような付加価値を国内の生産活動の全てについて合計したものがGDPである。したがって、GDPは国内の生産活動の大きさを表しているといえる。

　GDPは経済の大きさの指標として使われる。生産活動こそ経済の基盤であり、その大きさこそ経済の大きさと考えられるからであろう。**図2-1**は2020年の世界主要国のGDPをドル換算で比較したものである。GDPの大きさは、アメリカ、中国、そして、日本と続く。2009年ごろに中国のGDPが日本を上回るようになった。それまで、日本のGDPは長らくアメリカに次いで第2位であった。最近、中国経済は「世界で第2位の経済」といわれるが、それは中国のGDPの大きさが世界で2番目だということである[†]。ただし、国民1人当たり平均のGDPはかなり様子が異なり、ルクセンブルク、スイス、アイルラ

[†]　2024年2月現在では2023年のGDPの世界ランキングでは日本はドイツに抜かれ世界で4番目となった。その背景には日本のGDPの伸びが低いこともあるが、国際比較はドル換算によるものであり日本の円がドルに対して価値を下げている（円安）ことも大きな理由と考えられる。

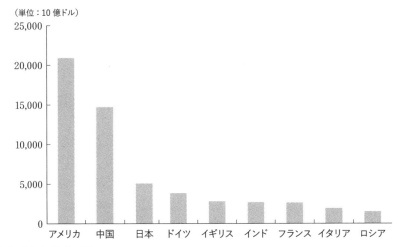

図2-1 世界主要国のGDP：2020年、米ドル表示

出所：総務省「世界の統計2023」

ンドやノルウェーという国々が国民1人当たりGDPでは世界のトップとなっている。これらの国々は人口が少ないので、GDPそのものは世界的にみて大きくはない。

　GDPと似た概念として**国民総生産**（GNP）がある。GNPはGross National Productの頭文字をとったものである。これは、ある一定期間にある国の国民によって生産された財・サービスの付加価値の合計額と定義される。この「国民」とは経済的な意味であり、国籍を持つ者ではなく、その国に生活基盤をおく人々や生産活動の基盤をおく企業などを指す。たとえば、日本の船会社が中国の上海からシンガポールに貨物を運送した場合に生まれる付加価値は、日本のGDPには計上されないが日本のGNPには計上される。

　GDPとGNPはともに日本経済の生み出す付加価値の総額を表したものだが、両者の違いは日本経済の定義の仕方にある。GDPは日本

経済を「日本国内の生産活動」とし、GNPは日本経済を「日本人（企業を含む）の生産活動」としている。国内の景況感（人々や企業が景気について持つ感覚）にはGDPのほうが近いとされ、現在ではGNPに代わりGDPを用いることが一般的である。

2-2　GDPを別の側面からみる：三面等価の原則

　生産活動によって生み出された付加価値はさまざまな経済主体に分配されていく。労働者には賃金として、企業には利潤・減価償却として、そして、政府にも**租税**（税金と同じ意味だが経済学ではこの単語を使うことが一般的である）として分配される。つまり、GDPは労働者（家計）、企業、政府にそれぞれの所得として分配される。このようにして生じたさまざまな経済主体の所得の合計を**国内総所得**と呼ぶ。それは、当然、分配される前の総額、すなわちGDPと等しくなる。経済統計の用語を用いると次の式で表される。

$$国内総所得＝雇用者報酬＋営業余剰・混合所得$$
$$＋固定資本減耗＋間接税－補助金$$

　雇用者報酬は労働者への分配（賃金）、営業余剰・混合所得と固定資本減耗は企業への分配（利潤と減価償却）、間接税－補助金は政府への正味の分配（租税）となっている。

　ところで、純粋に生産活動の成果を考えると、資本の減耗分（減価償却）を差し引くべきである。GDPはそれが差し引かれていないことがわかる。GDPの英語名の由来はそこにあり、GDPのGは「粗い」を意味する "gross" の頭文字であるが、GDPから資本の減耗分（減価償却）を差し引いたものは、**国内純生産**（Net Domestic Product：NDP）と呼ばれる。"net" は「正味の」を意味し、"gross" に相対立する概

010

念である。

次に生産されたものへの支出を考えてみよう。国内で生産された財への支出は、経済主体と目的によって次のように分類する。

民間消費（Consumption: C）：民間部門（企業＋家計）の消費
民間投資（Investment: I）：民間部門（企業＋家計）の投資
政府支出（Government expenditure: G）：政府の消費と投資
輸出（Exports: X）：海外の経済主体（家計・企業・政府）の消費と投資

消費は現在の満足のための支出であり、**投資**は将来の消費や生産のための支出を意味する。家計・企業・政府の支出の中には海外で生産された財への支出も含まれているので、国内で生産された財への需要・支出を考える場合にはそれを差し引かなければならない。国内の経済主体による海外で生産された財への支出の合計は**輸入**（Imports: M）となる。国内で生産された財への需要・支出の総額は**国内総支出**と呼ばれ、それは次の式で表される。

$$国内総支出 ＝ C ＋ I ＋ G ＋ X － M$$

これは、国内で生産された財の売上の総額という意味で**総需要**であり、支出面からみたGDPということができる。一方、GDPは生産された財の総額という意味で**総供給**となる。国内総支出はGDPと等しく、また総需要は総供給と等しくなる。

このように国内総所得はGDPと等しく、国内総支出もGDPと等しい。したがって、GDP、国内総所得、国内総支出は等しくなる。GDPは生産面から経済全体をみた指標であり、国内総所得、国内総支出はそれぞれ分配面、支出面から経済全体をみたものである。これらが等しい値となることを**三面等価の原則**と呼ぶ。

$$国内総生産（GDP）＝国内総所得＝国内総支出$$

第2章 経済を大きく捉える 011

2-3　投資とは何か

　消費と投資の区分は支出の目的によるものである点に注意が必要である。たとえば、パソコンでも家計が購入すれば消費に、企業が購入すれば営業活動に使うのだから投資に区分される。家計がテレビを購入すれば消費であるが、ホテルが客室用に購入すれば投資である。

　投資は、**設備投資**、**在庫投資**、**住宅投資**からなる。設備投資は企業の生産設備の拡充に伴う支出で、工場設備や小売店舗建設への支出などが典型的なものである。在庫投資は企業の在庫の増加を指す。そして、住宅投資は家計の住宅建設への支出を指す。住宅の建設は将来にわたって「居住」というサービスを享受するための支出であるから投資に区分される。家計による唯一の投資である。

　在庫の増加は、将来の企業の売上を増加させるものであるから投資と考える。企業は出荷の増える時期に合わせて計画的に在庫を増やしていくであろう。しかし、一方で売れ行きが予想より少なくそのために在庫が増加する場合もあろう。いわゆる売れ残りである。前者は計画（意図）された在庫投資であり、後者は計画（意図）されない在庫投資である。在庫投資は両者を含むため、在庫の上積みとなるような売れ残りは在庫投資となる。その結果として、国内総支出はGDPと等しくなり、総需要と総供給は等しくなるのである。

2-4　名目GDPと実質GDP

　次のような例を考えよう。自動車のみを生産しているような国があり、2022年と2023年の生産活動は次のようであったとしよう。

	2022年	2023年
（経済活動）	自動車　10,000台	自動車　10,000台
（物価水準）	1台当たり100万円	1台当たり200万円
（中間投入物）	1台当たり 40万円	1台当たり 80万円

　2022年から2023年にかけて、自動車の生産台数は変わらないが自動車および中間投入物の価格が2倍になったとする。すると自動車1台当たりの付加価値とGDPは次のようになる。

	生産額	−	中間投入物	=	付加価値	GDP
2022年	100万円	−	40万円	=	60万円	60億円
2023年	200万円	−	80万円	=	120万円	120億円

　自動車の生産台数は変わらないのに、つまり、生産活動の水準は変わらないのに、物価水準の上昇によってGDPは2倍になった。このままでは、GDPが生産活動の指標の役目を果たせない。そこで、**名目GDP**と**実質GDP**の区別が生まれた。名目GDPはその時々の物価水準で計算されたGDPであり、実質GDPは基準となる年（基準年）の物価水準で計算されたGDPである。実際には毎年物価水準は変動するが、実質GDPは、実際の物価水準とは関係なく基準年の物価水準を用いて計算する。基準年を2022年とすると、この自動車のみを生産する国の場合には次のようになる。

	2022年	2023年
名目GDP	60億円	120億円
実質GDP（2022年基準）	60億円	60億円

第2章　経済を大きく捉える　013

名目GDPは物価水準が上昇すれば増加するし、物価水準が上昇しなくても生産活動が活発化すれば増加する。一方、実質GDPは実際の物価水準が上昇してもつねに同じ基準年の物価水準を用いるので、生産活動が活発になった場合にのみ増加する。

　名目GDPの伸び率を**名目経済成長率**と呼び、実質GDPの伸び率を**実質経済成長率**と呼ぶ。GDPを経済の大きさと考えると、GDPの増加は経済がより大きくなったと考えることに由来する。すると、これまでの考察から、名目経済成長率と実質経済成長率は次のように表せる。

　　名目経済成長率＝生産活動の伸び率＋物価上昇率
　　実質経済成長率＝生産活動の伸び率

　図2-2は日本の名目経済成長率と実質経済成長率を示している。

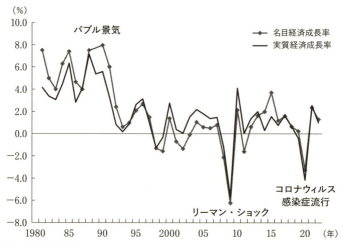

図2-2　日本の経済成長率（対前年比）

出所：内閣府「国民経済計算」

1990年代前半までは、名目経済成長率が実質経済成長率よりも高くなっているが、1990年代後半から2010年代初めまで、名目経済成長率が実質経済成長率よりも低くなっている。これは、1990年代前半までは物価上昇率がプラス、つまり、物価水準が上昇し続けるインフレーションの時期であり、それ以降、2010年代初めまで物価水準が下落を続けるデフレーションが続いたことを示唆している。

2-5　モノの値段を集約する：物価指数

　経済全体の価格を1つに集約したものを**物価**といい、その水準が物価水準である。実際の経済では財の種類は無数にあり、その数だけ財の価格も存在する。それらを、物価指数という1つの数字にまとめるにはいくつかの方法がある。その方法によって物価指数には異なる名称がある。代表的なものとして次の3つがあげられる。

- GDPデフレータ
- 消費者物価指数
- 企業物価指数

　GDPデフレータは、生産の視点から価格をまとめたものである。GDPデフレータを含め物価指数は基準となる年の水準を100として表すことが一般的である。すると、ある年X年のGDPデフレータは次のように表される。

$$\text{X年のGDPデフレータ} = \frac{\text{X年の名目GDP}}{\text{X年の実質GDP}} \times 100$$

　実質GDPは基準となる年の物価水準で測られるので、名目GDPがそれを上回る場合には、基準年に比べて物価が上昇したといえる。前節2-4の数値例では、2022年を基準年とすると2023年のGDPデ

第2章　経済を大きく捉える　015

フレータは次のようになる。

$$2023年のGDPデフレータ = \frac{120億}{60億} \times 100 = 200$$

　2つ目の消費者物価指数（Consumer Price Index：CPI）は家計の視点から物価水準をまとめたものである。一般的な家計が実際に購入する財・サービスを選び、その小売価格を支出金額の大小を考慮して平均（加重平均）して計算する。総務省統計局が作成しているが、実際に家計が購入する500以上の品目を選び全国で毎月その小売価格を調査している。その品目には生活上必要なものばかりではなく娯楽や教養のためのものなども含まれる。実際に家計が支出対象としているものをカバーしているので、消費者物価指数の上昇は家計の生活費の増加を意味する。

　3つ目の企業物価指数（Corporate Goods Price Index：CGPI）は、企業の視点から物価水準をまとめたものである。かつて卸売物価指数として作成されていたものが2003年に企業物価指数に代わった。これは日本銀行によって作成されている。初期の段階では卸売市場における物価動向を把握することを目的としていたが、次第に企業間で取引される全ての商品の価格変動を捉えるものとされるようになった。

　その作成方法により、多くの人々にとり、物価に関して生活上の感覚に近いものはGDPデフレータや企業物価指数ではなく消費者物価指数であると考えられる。そのために、金融政策で「物価の安定」という場合、一般には消費物価指数の安定を指すことが多い。

column

GDP速報値

日本のGDP年率0.6%増　10〜12月、2四半期ぶりプラス

　内閣府が14日発表した2022年10〜12月期の国内総生産（GDP）速報値は、物価変動の影響を除いた実質の季節調整値で前期比0.2%増、年率換算で0.6%増だった。プラス成長は2四半期ぶり。22年の実質GDPは前年比1.1%増で、2年連続のプラスだった。

　新型コロナウィルス禍から経済の正常化が緩やかに進んでいる。前期比で外需がプラス0.3ポイント、内需がマイナス0.2ポイントの寄与だった。内需の柱でGDPの過半を占める個人消費は前期比0.5%増えた。内需のもう一つの柱の設備投資は0.5%減と、3四半期ぶりにマイナスに転じた。半導体製造装置や一般機械などが減った。住宅投資は0.1%減で6四半期連続のマイナス。資材価格の高騰で持ち家の着工が鈍っている。コロナワクチンの接種費用を含む政府消費は0.3%増だった。民間在庫変動の寄与度は0.5ポイントのマイナスとなった。原油などの原材料の在庫積み増しが前期より減ったとみられる。

　名目GDPは前期比1.3%増、年率換算で5.2%増だった。国内の総合的な物価動向を示すGDPデフレータは前年同期比1.1%上昇し、3四半期ぶりにプラスに転じた。輸入物価の上昇が一服したのに加え、国内で価格転嫁が徐々に広がり始めたことを示す。

（日本経済新聞　2023年2月14日）

　多くの国々でGDPの作成には多大な労力と時間が必要である。日本も例外ではない。しかし、景気判断や適切な経済政策のためには重要な経済指標であるGDPをできるだけ早く知る必要がある。

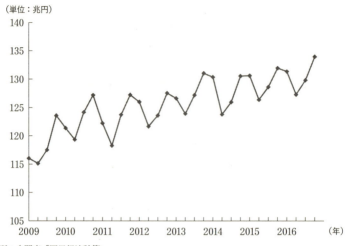

図2-3 ▶ 季節変動：日本の実質GDP（2015年基準）四半期データ

出所：内閣府「国民経済計算」

そこで作成されるのが**GDP速報値**である。GDP作成のための全てのデータがそろう前に発表されるGDPの値である。作成に必要なデータでそろっていないものは、推計値で代替される。また、このような理由からいったん作成・発表されたGDP速報値は、後から修正される。実質、名目などはこの教科書で説明されているが、上の記事の内容の理解には次の点にも注意する必要がある。

・**四半期**　1年の4分の1のことであり、第1四半期から第4四半期までは次のようになる：1～3月、4～6月、7～9月、10～12月。GDPのデータは四半期ごとに作成される。

・**季節調整値**　GDPをはじめ多くの経済データは1年の間に決まった増減のパターンを示す。日本やヨーロッパ諸国、アメリカ、カナダでは年末にかけて財・サービスの売上が大きく伸びる。日本ではボーナスや年末・正月の準備があり、ヨーロッパ諸国、アメリカ、カナダではクリスマスの影響があるためだ。よってGDPは第4四半期にもっとも大きくなることが多い。**図2-3**に示されるように実質GDPは第

2四半期から第4四半期にかけて伸び、第4四半期から第2四半期まで下降する傾向がみられる。この傾向は景気上昇期と景気下降期に共通の現象である。このような季節的変動によってGDPの長期的動きを見失うことのないように、その影響を統計的手法によって取り除いた値が作成・発表される。それを季節調整値と呼ぶ。

・**GDPの過半を占める個人消費**　個人消費は家計の消費であり、それは国内総支出の重要な構成要因である。個人消費は国内総支出の半分以上を占めるが、その国内総支出はGDPと等しいので、このような表現を用いている。

---

column

日本の物価の動き

　図2-4は、過去50年間の日本の消費者物価指数と企業物価指数の動きを示したものである。この図から1973〜1974年の第1次オイルショックと1979〜1980年の第2次オイルショックのときに激しい物価上昇、つまり、インフレーションが起きたことがわかる。とりわけ、第1次オイルショックのインフレーションはすさまじいものであった。また、2000年ごろまでは消費者物価指数の上昇率が企業物価指数の上昇率を上回っていたが、その後はどちらか一方が他方をつねに上回っているという関係はみられない。

　消費者物価指数は指数作成においてサービスの比重が大きいのに対し、企業物価指数は指数作成においてサービスの比重が小さい。家計の支出のうちかなりの部分は外食、教育をはじめとするサービスである。企業間の取引においてもサービスはある一定の比重を占めるがそれでも限られたものである。一般にサービスの価格は人件費の影響を強く受けるため、消費者物価指数は企業物価指数よりも

第2章　経済を大きく捉える　019

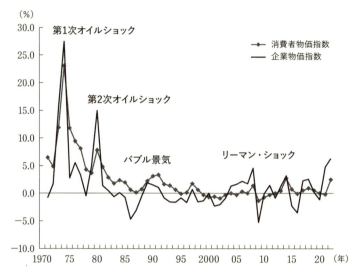

図2-4 日本の物価指数の動き(対前年比)

出所：日本銀行ホームページと総務省統計局「消費者物価指数」

人件費の影響を強く受けると考えられる。賃金の上昇は人件費をとおして企業物価指数よりも消費者物価指数に大きく影響すると考えられる。賃金は2000年ごろまでは上昇を続けていたが、その後は長期の景気低迷のためにあまり上昇しなくなった。消費者物価指数と企業物価指数の上昇率の関係にはこのような事情が背景にある。

第 **3** 章

消費と投資はどうして重要なのか
財市場の分析

は｜じ｜め｜に

　消費 C と投資 I は、支出面からみた GDP を構成する 2 つの主要な項目であり、経済の動向を理解するために重要となる経済変数である。**図3-1**は、消費 C と投資 I が GDP と等しくなる総需要に占める割合の推移を示している。この図から、消費 C は総需要の 60% 弱を、投資 I は約 20% から 30% を占めていることが確認できる。本章では、このような消費 C や投資 I の水準がどのように決定されるのかを理解するための理論について学んでいく。

3-1　消費関数という考え方

　消費関数とは「消費 C の水準がどのように決定されるのか」という問いに対する解答を関数のかたちで表現したものである。ケインズは「消費 C はその時点の所得 Y にもとづいて決定される」と説明した。「その時点」とは、たとえば 2024 年の消費の水準は 2024 年の所得によって決定されるという意味である。いま**図3-2**に示すように、1994 年から 2022 年までの消費 C と所得（GDP）Y のデータをみてみると、縦軸にとった消費 C と、横軸にとったその時点の所得 Y との

図3-1 ▶ 消費・投資のGDP比率の推移

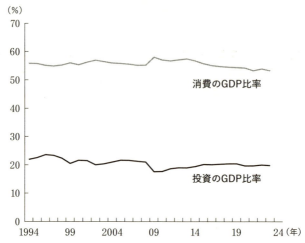

出所：内閣府「国民経済計算」

間には強い正の相関が認められる。

図3-2には、消費C（縦軸）と所得Y（横軸）の関係を示す直線も描かれている。この直線は**ケインズ型の消費関数**として知られるもので、消費Cを所得Yの1次関数の直線として表したものになる。一般に、1次関数の形状は切片と傾きの2つによって決まるため、それらをそれぞれc_0とcと表すと、この関数は

$$C = c_0 + cY$$

として表現される。このように、消費Cが所得Yの関数であることから、$C(Y)$とも表記される。図3-2に描かれた直線からもわかるように、所得Yが増加すると消費Cも一定の割合で増加する。したがって、消費関数の傾きは$c>0$と仮定されている。この傾きcは、所得Yの追加的な1単位の増加に対する消費Cの増加分（ΔC）を示

図3-2 ▶ 消費と所得（GDP）との関係

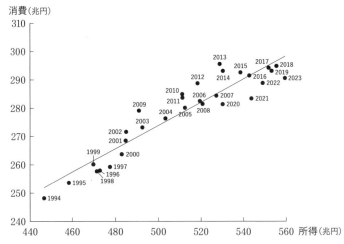

出所：内閣府「国民経済計算」

すもので、**限界消費性向**と呼ばれる†。また、所得 Y が増加したとしても、全額は消費せず、そのうち一部は貯蓄に回すものと仮定するため、$c<1$ となる。切片 c_0 は、所得 Y がゼロの場合の消費を表すことから、これは最低限の生活維持のための消費の水準を意味するため、基礎消費や独立消費などと呼ばれ、その水準は正（$c_0>0$）であることが仮定される。**図3-3**は、$C=c_0+cY$ で表される、このケインズ型の消費関数を描いたものである。なお図3-2に描かれた消費関数の式は、$C=35.3+0.49Y$ であり、$c_0>0$ および $0<c<1$ という符号条件を満たしている。

---

† 経済学において「限界」という語は、「追加的な」という意味で用いられる。これは日常で使われる「これ以上ないぎりぎりのところ」との意味とは異なる点に注意されたい。

図3-3 ケインズ型の消費関数

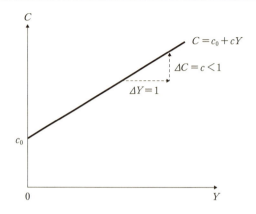

　ケインズ型の消費関数は簡潔なため多くの場面で利用されてきたが、問題点も指摘されている。ケインズ型の消費関数の前提となる、「消費はその時点の所得にもとづいて決定される」という考え方は、短期的な所得Yの変動と消費Cの関係を捉える上では有効であるが、長期的な視点や、消費の平準化を考慮すると、その限界が明らかになる。**消費の平準化**とは、個人や家計が急激な消費の変動を好まず、将来の所得や消費の見通しを考慮して安定した消費の水準を維持しようとする行動を指す。

　たとえば、定年退職後に所得が減少することが予期されれば、その前の現役時代に先行して消費を抑える行動をとることで、退職後も、所得の額は異なるものの、現役時代と同じ額だけ消費することが可能となる。このように所得が増減するにもかかわらず、消費行動が大きく変わらないケースなどはケインズ型の消費関数ではうまく説明できない。このような消費の平準化の動きを十分に捉えるためには、異なるアプローチが必要となる。そのようなアプローチとして次節ではライフ・サイクル仮説を取り上げる。

3-2 長い人生、いつお金を使う？
：ライフ・サイクル仮説

ライフ・サイクル仮説は、モディリアーニ（F. Modigliani）を中心として1950年代に提唱された消費行動の理論モデルである。この仮説の核心は、個人が生涯を通じて得るであろう所得（生涯所得）をもとに消費計画を立てるというものである。具体的には、個人は将来の所得を考慮し、生涯を通じて均等な消費を実現するよう努めるとされる。この仮説にもとづけば、安定した所得を持つ中年期には貯蓄を積み増し、所得のない老後にはそれらの貯蓄を取り崩しながら消費を継続するというように、消費を平準化するという行動パターンが示される[†]。

ライフ・サイクル仮説は、ケインズ型の消費関数が**図3-2**のようなデータの観察から導かれたのとは対照的に、ミクロ経済学の「家計の効用最大化」の理論枠組みを土台としている。これは現代のマクロ経済学における主要なアプローチであり、経済全体のマクロ変数の動向を、経済を構成する各家計などのミクロレベルの意思決定をもとにして分析したものである。このようなアプローチを「ミクロ的基礎付け」という。

所得の変動を**図3-4**に示してみよう。横軸に年齢（ライフステージ）をとり、縦軸に所得をとる。ここでは、就職時から所得が始まり、年功賃金の効果により所得が上昇し、定年を迎えると年金のみの所得と

[†] ライフ・サイクル仮説と同様に、将来の所得を考慮に入れて現在の消費行動を決定する理論に**恒常所得仮説**が存在する。この仮説はフリードマン（M. Friedman）によって提唱されたもので、消費者が将来にわたって得られると期待される所得の平均、すなわち恒常所得にもとづいて消費が決まると説明する。他にも多くの消費に関する理論が存在したが、現代のマクロ経済学において代表的なものは、短期では主にケインズ型の消費関数、長期ではライフ・サイクル仮説や恒常所得仮説である。

第3章　消費と投資はどうして重要なのか　025

図3-4 ライフ・サイクル仮説にもとづく消費のパターン

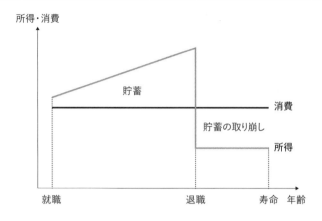

なり大幅に減少すると考える。家計は、このような生涯所得のパターンを予測し、生涯を通じての効用（満足の度合い）を最大化する消費計画を策定する。具体的には、所得が多い在職期に、全額を消費するのではなく一部を資産として貯蓄する。そして、退職後の所得が年金だけとなった場合、蓄積した貯蓄を取り崩して消費を継続することで、生涯を通じての効用を最大化する消費パターンを実現する。**図3-4**では、消費が生涯を通じて完全に平準化されるシナリオを示している。

したがって、ライフ・サイクル仮説にもとづけば、政府が一時的な減税などの財政政策や給付金の支給といった政策を実施する場合、人々は減税や給付金によって追加した所得をすぐに消費に向けるのではなく、将来の不確実性に備えたり、退職後の生活資金として貯蓄する傾向が強い。このように所得の増加はただちに消費の増加につながらないため、財政政策の短期的な経済刺激効果は限定的となる。

3-3 どんな投資をすべきか：投資の限界効率と利子率

　民間の投資支出は、**図3-1**でみたように総需要に占める割合は約20%程度であるが、その変動は大きく、経済を不安定化させる要因となっている。**図3-5**は、GDP、消費、投資のそれぞれについて、前年比でみた変化率の推移を示している。GDPと消費は安定した動きを示す一方、投資の変動は大きく、ときにはマイナス10%を超えることもある。投資は設備投資、住宅投資、および在庫投資の3つに分類されるが、この節ではこれらの中でもっとも重要な「企業の設備投資」に焦点を当て、投資がどのように決定されるかをケインズの考え方にもとづいて詳しくみていく。

　企業が投資を決定する際の重要な要因は、投資による予想収益と、

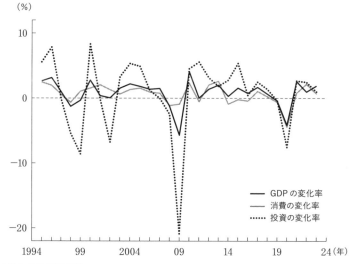

図3-5 ▶ GDP・消費・投資の変化率の推移

出所：内閣府「国民経済計算」

第3章　消費と投資はどうして重要なのか　　027

その投資にかかる費用である。この2つを比較して、投資するか否かの意思決定がなされる。たとえば、投資から得られる予想収益が投資に必要な費用を上回れば、投資は利益をもたらすと判断され、実行される。一方、予想収益が投資費用に満たない場合には損失が発生するため、投資は実施されない。この予想収益と投資費用の関係を、数値例を用いてより具体的に検討する。

アイスクリーム屋を経営している状況を想定してみよう。現在、新しいアイスクリームの製造機械を100万円で購入する計画があり、これを行うと、売上が110万円になると予想されるとする。この場合、投資からの収益は10万円（110万円の売上から100万円の投資額を差し引いたもの）となり、投資の収益率は、10万円/100万円＝0.1、すなわち10％となる。このような追加的な投資による収益の増加を**投資の限界効率**と呼ぶ。

次に、同じ100万円を他の設備に投資する別の2つのシナリオを考える。1つは、冷凍庫の増設で売上が106万円になる場合、もう1つはディスプレイ用のショーケースを導入し売上が103万円になる場合である。それぞれの投資の収益率、すなわち投資の限界効率は、6万円/100万円＝0.06（6％）、2万円/100万円＝0.02（2％）となる。このように、投資の計画によって限界効率は異なることがわかる。

この例では、アイスクリームの製造機械、冷凍庫、ショーケースのいずれの投資案も、その収益率（限界効率）はプラスとなっているが、経営者は全ての投資を実行すべきだろうか。それは一概には言えない。その設備投資の意思決定のためには、投資費用も考慮しなければならないからである。この**投資費用**とは、具体的には資金の借入利子率（金利）である。投資費用を3％の利子率で銀行など金融市場から借り入れた場合、返済額は元本の100万円に3万円の利子が加算された額となる。したがってこの利子率が、収益率（限界効率）と比較すべき投資の費用となるのである。

投資費用も考慮して、3つの投資計画を再検討してみよう。まず、ショーケースへの投資の限界効率はもっとも低く、2%である。その収益の2万円は、3%の利子率に対応する3万円の利子には及ばないため、この計画は採用すべきではない。これは、投資の限界収益が利子率を下回る場合、投資は採用されないという原則を示している。他方で、製造機械と冷凍庫の投資計画については、それぞれ限界効率が10%と6%であり、3%の利子率を上回るため、これらの投資計画は採用されることになる。

3-4　投資関数という考え方

　この投資決定の基準をもとに「ケインズの投資関数」を導いてみることにしよう。複数ある投資計画の各限界効率を高いものから低いものへと順番に表示すると、**図3-6**のように階段状のグラフを形成することになる。このグラフから利子率が3%のときには、限界効率がそれを上回る2つの投資計画が実行されることがわかる。

　仮に利子率が上昇した場合、投資にはどのような影響が生じるだろうか。高い利子率は、借入費用の増加を意味するため、それまで採算が取れると判断されていた投資計画も実行不可能となる。つまり、利子率の上昇は、投資を減少させる。**図3-6**を参照すると、金利が7%に上昇した場合、実行される投資計画は1つのみに減ることが確認できる。

　この階段状の各企業の限界効率を経済全体で集計すると、**図3-7**のように右下がりの滑らかな曲線を描くことになる。この曲線は、マクロ経済の視点から見た投資と利子率の関係を示しており、**ケインズの投資関数**と呼ばれる。**図3-7**から、利子率がr_1のとき、投資の水準がI_1に決定され、利子率が上昇すれば投資の水準が減少すること

第3章　消費と投資はどうして重要なのか　029

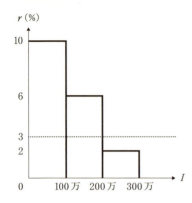

図3-6 投資の限界効率

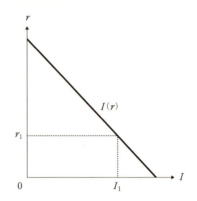

図3-7 ケインズの投資関数

がわかる。このことから、投資は金利の減少関数であるということができ、その関係を

$$I = I(r)$$

という式で表すことができる。

3-5 投資家はつねに合理的か：アニマル・スピリット

　ケインズはこれまで述べてきたような投資家の合理的な意思決定だけでなく、投資の決定要因として起業家のアニマル・スピリットの重要性も強調している。**アニマル・スピリット**は、「血気」や「野心的な意欲」と訳され、経済行動における非合理的な心理状態や非経済的な感情的動機を指す。たとえば、将来の経済に対する楽観的な期待がある場合、それが根拠のない単なる思い込みだとしても、企業は新たな投資を積極的に行う可能性が高まる。逆に、将来に対する不確実性や悲観的な見通しがある場合、投資が控えられることがある。この

ように、利子率だけでなく、心理的、感情的要素もマクロ経済における投資行動に大きな影響を与えている[†]。投資の限界効率は将来の予想収益にもとづいて決まり、また、投資家のアニマル・スピリットも将来の経済環境に対する見通しに左右されるため、投資活動はときとして大きく変動することになる。

[†] これらの心理的、感情的要因は投資や消費、その他の経済変数にも影響を及ぼし、経済全体の動向に重要な役割を果たしている。経済行動における非合理性や心理的要因に関する知見を経済モデルに取り入れた経済学の分野としては、**行動経済学**がある。

第 **4** 章

GDPはどう決まるのか

は｜じ｜め｜に

　第2章で学んだように、三面等価の原則から、国内総生産（GDP）は国内総支出に等しくなる。したがって、GDPは消費、投資、政府支出、輸出から輸入を引いたものの合計である総需要に等しい。本章では、この総需要が増加した場合、それに応じてGDPが増加するというケインズ経済学の考え方にもとづき、GDPがどのように決定されるのかについてみていく。これがGDP水準の決定であり、マクロ経済分析の基礎となるものである。

4-1　総需要がGDPを決める：有効需要の原理

　三面等価の原則が示すように、国内総生産（GDP）は国内総支出に等しくなるので、

$$Y = C + I + G + X - M$$

となる。この式は、一国のGDPの大きさを表す総供給 Y が、消費 C、投資 I、政府支出 G、海外取引（$X - M$）の総和である総需要（$C + I + G + X - M$）に等しくなることを意味している。ここで総需要

をDとすれば、この式は、

$$Y = D$$

と表される。この関係にもとづいて、GDP（＝Y）がどのように決定されるのかをみていく。

　三面等価の原則から、最終的にはGDP（＝Y）と総需要Dは等しくなるが、現実の経済活動においては、つねにYとDが一致しているわけではない。実際には、$Y>D$、あるいは $Y<D$ となる状況が存在することもある。$Y>D$ の場合には、総需要より総供給の方が大きいために、品物が売れ残り、各企業は生産を減少せざるをえなくなる。その結果、Yは減少する。それはYとDが再び一致するまで続くことになる。一方、$Y<D$ となる場合もある。その場合、総供給より総需要の方が大きいために品不足となり、各企業は総需要に応じて生産を増加させる。その結果、Yは増加していく。それもYとDが一致するまで続くことになる。ここからわかることは、総需要が小さいとGDPの水準は低下することになり、総需要が大きいとGDPも増加するということである。すなわち、一国のGDPの水準は総需要の大きさに依存する。これを**有効需要の原理**という。

4-2 GDPの決まり方

　GDP水準の決定は、簡単なモデルを用いて示すことができる。これまでの説明で、GDPの水準は総供給Yと総需要Dが等しくなる均衡点において決まることがわかった。ここで単純化のため、政府の支出Gと海外取引（$X-M$）はないものとすると、総需要Dは、

$$D = C + I$$

と表すことができる。右辺の消費Cと投資Iは、第3章で示したように、それぞれ$C = c_0 + cY$と$I = I(r)$であるから、総需要Dを表す式にこれらを代入すると、

$$Y = c_0 + cY + I(r)$$

が得られる。ここで、投資の大きさを左右する利子率を一定と仮定し、投資を一定額としてこの式をYについて整理すると、

$$Y = \frac{1}{1-c}(c_0 + I)$$

となる。これがGDPの水準を決定する式である。

4-3 GDPの決まり方：図解

GDPの決定プロセスは、図を用いても表すことができる。**図4-1**は、縦軸を総需要D、横軸をGDP（$= Y$）とし、総需要$D = C + I$を描いたものである。これは、前章の**図3-3**に描かれた右上がりの消費関数Cの直線に、投資Iを上乗せしたものであるため、消費関数と同じ傾きを持つ右上がりの直線となる。

図4-2において、45度線（原点を通る傾き1の直線）は、総供給を示している。これは、横軸にとったGDPの大きさを縦の高さに読みかえるための線であり、GDPがY_1の水準であれば、45度線を通じてこれを縦の高さY_1と読みかえることができる。この45度線により、総需要Dと総供給Yの水準を同じ縦の高さとして読みとることが可能となり、需給の均衡や不一致を視覚的に判断することができる。

図4-1と**図4-2**を重ね合わせたのが、**図4-3**である。図に示されているように、総需要の傾き（限界消費性向c）は、総供給を表す45度線の傾き（＝1）よりも小さい。点Eにおいて、縦軸でみた総需要と

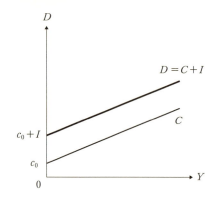

図4-1 総需要

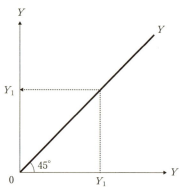

図4-2 総供給

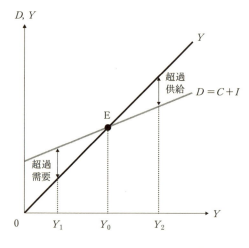

図4-3 GDP水準の決定

総供給の水準が等しくなっている。すなわち、この点において財市場が均衡しており、**均衡GDP**の大きさがY_0の水準に決まる。均衡GDPよりもGDPの水準が小さければ(たとえば点Y_1)では、総需要が総供給を上回るために品不足となっており、企業が生産量を増加させ

ることからGDPは拡大していく。一方、均衡GDPよりもGDPの水準が大きければ（点Y_2）では、総供給が総需要を上回るために売れ残りが生じ、企業が生産量を縮小させることからGDPが低下する。このように、総需要の水準に応じて生産の調整が行われる結果、均衡GDPが実現することがわかる。

4-4 乗数という考え方

有効需要の原理にもとづいて、GDPの水準は総供給と総需要が一致するところで決定することがわかった。**図4-3**でいえばY_0がその水準である。では、投資が新たにΔIだけ増加した場合（Δは経済変数の変化分を表す記号で、たとえば投資Iが1億円から3億円に増えれば$\Delta I = 2$となる）を想定し、それに応じてGDPがどれだけ増加するかを検討してみよう。

図を用いると次のようになる（**図4-4**）。投資の増加は総需要をD_0からD_1へとΔIだけ上方シフトさせる。その結果、財市場の均衡は点E_0から点E_1へと移り、GDPはY_0からY_1へと増加する。

ここで、GDPの増加分ΔYが、それをもたらした投資の増加分ΔIの何倍になるかを、kという記号を用いて式で表すと、

$$\Delta Y = k \Delta I$$

となる。この式は、投資の増加はそのk倍だけGDPを増加させることを意味している。このkを**投資乗数**という。

投資乗数の値は、均衡GDPの決定式から求めることができる。出発点の均衡GDP Y_0は、第4章2節で求めたように

$$Y_0 = \frac{1}{1-c}(c_0 + I)$$

第4章　GDPはどう決まるのか　037

図4-4 投資乗数：投資の増加がもたらすGDPの増加

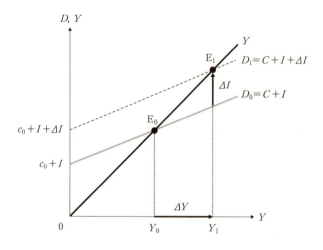

であり、投資の増加による新たな均衡GDP（＝Y_1）は、

$$Y_1 = \frac{1}{1-c}(c_0 + I + \Delta I)$$

となる。さらに、GDPの増加分ΔYを求めるために、Y_1を表す式とY_0を表す式の差をとると、

$$Y_1 - Y_0 = \Delta Y = \frac{1}{1-c}\Delta I$$

となり、投資乗数kは

$$k = \frac{1}{1-c}$$

と求められる。すなわち投資乗数kは、(1－限界消費性向c)分の1、で表される。この分母と分子の大きさを比較すると、限界消費性向cは1より小さいことから、分母の$(1-c)$は分子の1より小さくなる。したがって、投資乗数の値自体は1より大きくなる。

4-5 投資が増えるとGDPは何倍にもなる
：乗数効果

乗数理論のもっとも重要なポイントは、投資需要の増加はその何倍ものGDPを生み出すということである。これは、投資増加 ΔI による GDPの増加が派生的な需要を生み出すプロセスをみることで理解できる。前節ではグラフを使って考察したが、ここではその経済的プロセスを考えてみよう。

まず、投資が ΔI だけ増加したとする。この投資増加は総需要の増加をもたらし、有効需要の原理にもとづけば、その分だけGDPが増加する。この第1次のGDPの増加分を ΔY_1 と表すと、$\Delta Y_1 = \Delta I$ である。

次に、このGDPの増加は消費需要の増加をもたらす。具体的には、消費関数 $C = c_0 + cY$ に従って、GDPの増加分 ΔY_1 に限界消費性向 c を掛け合わせた、$c \times \Delta Y_1$ だけ消費需要が増加する。この消費需要の増加がさらなる総需要の増加をもたらし、第2次のGDPの増加をもたらす。すなわち、$\Delta Y_2 = c \times \Delta Y_1 = c \times \Delta I$ となる。このGDP増も再びその限界消費性向 c 倍の消費増加を生み、それが第3次のGDP増加へとつながっていく。すなわち、$\Delta Y_3 = c \times \Delta Y_2 = c^2 \times \Delta Y_1 = c^2 \times \Delta I$ となる。

このようなプロセスを通じて、投資の増加によるGDPの増加は、第3次、第4次…とさらに波及的に続いていくことになる。結果として、GDP増加の合計 ΔY は次のようになる。

$$\Delta Y = \Delta Y_1 + \Delta Y_2 + \Delta Y_3 + \cdots$$
$$= \Delta I + c \times \Delta I + c^2 \times \Delta I + \cdots$$

この合計の値は、初項を ΔI、公比を限界消費性向 c とした無限等比級数の和として求められるので、その公式から、

第4章　GDPはどう決まるのか　039

$$\Delta Y = \frac{1}{1-c}\Delta I$$

が得られる[†]。これは、前項で求めた式と同じである。

　次に、乗数の過程とその値を数値例を用いて確認していく。いま、新しい工場の建設のために初期投資として10億円が投下されたとする。投資Iの10億円の増加は、まずGDP（＝所得）Yの10億円の増加となる。この直接的な影響だけを考えれば、乗数は1となる。しかしながら、所得Yが10億円増加すれば、人々は増加した所得の一部を消費Cにまわすため、それが波及的な所得の増加を生み、GDPはより増加することになる。いま、追加的な所得増のうち消費される割合である限界消費性向cを0.9とすると、10億円の所得増のうち、9（＝10×0.9）億円が消費される（残りの1億円は貯蓄される）。この9億円の消費の増加は、総需要の増加を引き起こし、9億円の所得の第2次の増加を生む。

　ではこのようなプロセスが続いた結果、最終的なGDP（＝所得）の増加がいくらになるかを求めてみよう。GDP増は第1次効果で10億円、第2次効果で9（＝10×0.9）億円、第3次効果は8.1（＝9×0.9）億円と続いていくので、その値は

$$10 + 9 + 8.1 + \cdots$$

という式で求められる。これを初項が10、公比が限界消費性向0.9である無限等比数列の和として計算すると、

$$\frac{10}{1-0.9} = \frac{10}{0.1} = 100$$

———————————

[†]　初項がa、公比がrである等比数列を無限に足し合わせた値であるSは、公比rの絶対値が1未満のとき、$S = \dfrac{a}{1-r}$となる。すぐに理解が難しい場合は、まずは公式の結果を受け入れ、実際の適用例に興味を持ってもらいたい。

となり、GDP増の和は 100 億円となる。以上をまとめると、当初の投資の増加分ΔIが10億円である場合、最終的にGDPの増加分ΔYは100億円に達する。これは当初の投資増加の10倍となる。すなわち、投資乗数kは10である。

$$\Delta Y = 10\Delta I$$

この式からは、たとえば投資が2億円増えた場合には（$\Delta I = 2$）、それに投資乗数10を掛けることで、GDPの増加ΔYが20億円と計算できることがわかる。

第 **5** 章

政府は何をするのか
財政とGDP

は｜じ｜め｜に

　私たちが健康で豊かな生活を送るためには、国や地方自治体はさまざまな公共施設や公的サービスを提供する必要がある。これを実現するために、政府が租税等を集めて管理し、必要な資金を支払う活動を財政という。また、不況期には政府が市場に介入し、政府支出の拡大により総需要を増大させる余地が生じる。本章では、これまで学んだマクロ経済モデルをベースに、政府の財政活動の役割と課題を考えると同時に今日の日本の財政の仕組みと問題も検討してみよう。

5-1　政府支出を含めたGDPの決定

　これまでのGDP決定のモデルは、単純化のため政府部門を除いて考えていたが、ここでは政府が市場に介入すると考える。すると、経済モデルが家計、企業、政府の3部門から構成されるので、GDPの決定モデルは次のように修正される。まず、総需要が

$$D = C + I + G$$

となる。ここで、Gは政府支出である。政府は自らの支出の財源を

043

確保するために、国民から租税を徴収する。たとえば、家計の所得から一定額の租税が徴収されるとしよう。租税をTとすると、$Y-T$は家計が租税を支払った後に自由に使える所得であり、これを**可処分所得**と呼ぶ。すると消費関数がこれまでの$C=c_0+cY$から次のように変わる。

$$C=c_0+c(Y-T)$$

したがって、総供給Y＝総需要Dの均衡式は、

$$Y=c_0+c(Y-T)+I+G \tag{1}$$

となる。(1) 式をYについて解くと

$$Y=\frac{1}{1-c}(c_0-cT+I+G) \tag{2}$$

が得られる。これが政府を含む均衡GDPの決定式である。

5-2 政府支出乗数と租税乗数

(2) 式をもとに、政府支出の増加がGDPに及ぼす効果を分析できる。いま、政府支出がGから$\varDelta G$だけ増加し、それによりGDPはYから$\varDelta Y$増加したとする。その結果、新しい均衡GDPは、

$$Y+\varDelta Y=\frac{1}{1-c}(c_0-cT+I+G+\varDelta G) \tag{3}$$

となる。ここで (3) 式から (2) 式を引くと、

$$\varDelta Y=\frac{1}{1-c}\varDelta G$$

が得られる。この式から、政府支出はその増加分$\varDelta G$に$\dfrac{1}{1-c}$を乗じ

た分だけGDPを増やすことがわかる。この$\dfrac{1}{1-c}$を**政府支出乗数**と
いう。このGDP決定モデルが示すように、政府支出はその乗数倍の
総需要を生み出し、GDPの増加をもたらす。不景気のときに政府が
市場に介入し、景気対策を行う根拠がここにあるといえる。

　一方で、政府が増税を実施する場合には、人々の可処分所得が減
少するために、消費の減少を通じてGDPを低下させる効果を持つ。
これもGDP決定モデルで確認できる。均衡GDPが (2) 式で与えら
れているとき、所得税がΔTだけ増税され、GDPがΔYだけ低下した
とする。その結果、新しい均衡GDPは次のようになる。

$$Y + \Delta Y = \dfrac{1}{1-c}\left\{ c_0 - c\,(T + \Delta T) + I + G \right\} \qquad (4)$$

(4) 式から (2) 式を引くと

$$\Delta Y = -\dfrac{c}{1-c}\Delta T$$

となる。ここから、GDPは増税分ΔTに$-\dfrac{c}{1-c}$を乗じた分だけ減

少することがわかる。この$-\dfrac{c}{1-c}$を**租税乗数**という。反対に減税

される場合には、この式のΔTを$-\Delta T$で置き換えるので租税乗数は
プラスの値になり、GDPは減税分の$\dfrac{c}{1-c}$倍増加することになる。

5-3　乗数効果は実際どれくらいあるのか

　第4章と前節の学びから投資乗数と政府支出乗数はともに$\dfrac{1}{1-c}$と

なることがわかった。限界消費性向 c が大きければ乗数効果が大きくなることを示している。すなわち、投資や政府支出の増加によって所得が増加し、その結果、消費も大きく増えるため、経済活動が活発になることを意味する。逆に限界消費性向が小さい場合は、追加の所得の大部分が貯蓄に回されるかたちとなり、乗数の効果は小さくなる。

乗数効果を考える際には、限界消費性向が一定ではなく、変動することにも注意が必要である。たとえば消費者や企業の経済に対する将来の見通しや、政府の経済政策の変更の影響により、限界消費性向が低下すると、投資や政府支出の乗数効果も限定的になる。投資乗数や政府支出乗数は限界消費性向によって決定される。そのため、消費の意欲が低下している経済状況では限界消費性向が小さくなり、政府の支出策は期待したような効果を発揮しにくくなる。加えて乗数効果が十分に現われるためにはある程度の時間、いわゆる、タイムラグが存在し、この点も政策の効果を考えるときに考慮しなければならない。

政府支出乗数について、実際のマクロ経済に関する多くの時系列データを用いた実証研究結果では、乗数値は1に近いと推計されている。これは、政府支出がGDPに対してほぼ1対1の影響を与えることを意味している。

5-4 財政の3つの機能

政府は、家計や企業から租税を徴収し、その資金を使って、電気、水道、道路などのインフラストラクチャーや、教育、医療、社会保障などの行政サービスを提供している。税収が少なければ、借り入れを行ったり支出を減らしたりする必要がある一方、税収が多ければ行政サービスの内容を充実させることができる。このような政府の経済活動を**財政**と呼び、特に収入と支出を**歳入**と**歳出**と呼ぶ。

046

財政の機能には、次の3つがある。

(1) 政府による資源配分の調整

資源配分とは、労働、資本、土地などの資源が、家計、企業、政府の経済主体に市場を通じて分けられることである。市場機構が理想的に機能すれば、効率的な資源配分が達成されると考えられる。しかし、現実には独占企業による価格のつり上げや工場の煤煙による社会コストの発生など、市場に任せるだけではうまくいかない場合がある。そのため、政府が市場に介入し、社会的に望ましい経済状態になるように、生産要素や財・サービスなどの資源を効率的に配分する。これを政府による資源配分機能という。

(2) 政府による所得の再分配

所得の再分配とは、所得の不平等に対応することである。たとえば、累進課税制度では、政府は所得の高い人に相対的に高い税率を課すことで所得格差の縮小を図っている。累進課税制度のほかに、社会保障制度、義務教育や低家賃住宅なども所得の再分配の例としてあげられる。

(3) 政府による経済の安定化

経済の安定化とは、好況や不況による景気の変動を、政府による支出や課税に関する政策によって安定化させることである。このような政策を**財政政策**と呼ぶ。たとえば、好況期には景気の過熱を抑制するため増税を行う一方、不況期には景気の回復を促進するため、政府支出を増加させたり、減税によって家計の消費を増やしたりすることで総需要を刺激し、乗数効果を通じてその増大を図る。

財政制度の累進課税や失業保険には、過度な景気の変動を自動的に抑制する**ビルト・イン・スタビライザー**（built-in stabilizer：財政の自動安定化装置）が組み込まれている。好景気になれば、家計の所得は増加するが、累進課税が機能するため可処分所得が伸びず、消費が抑えられるため、自動的に景気の過熱を防ぐ。一方、不景気になれば、

失業者が増加するが、失業保険制度によって所得が確保され、可処分所得も維持されるため、景気の悪化は抑えられる。

5-5　日本の財政：税金と国債

　国の予算にはさまざまな種類があるが、毎年の基本的な歳出と歳入を示すものは、一般会計予算である。一方、予想外に発生する自然災害や経済危機等に対応する場合には補正予算が、予算審議が年度初めに間に合わない場合には暫定予算が組まれる。

　2023年度の一般会計予算の歳入・歳出を**図5-1**で示した。

　歳入は、第1項目として国税の基幹税である所得税・法人税・消費税とその他の租税印紙収入からなる。その中には、酒税の収入や印紙収入なども含まれる。第2項目のその他収入は、国有財産利用からの収入や日本銀行や日本中央競馬会からの納付金等からなる。第3項目は、国債や地方債の発行から得られる「公債金収入」である。国債は、原則として税収だけで歳出を賄うことができない場合に発行される。

　歳出は、政策遂行にかかる政策的経費が80%近くを占め、年金・医療・介護等にかかる社会保障関係費、防衛関係費、公共事業、文教および科学振興、地方交付税交付金（図では「地方交付税」と表記）等が含まれる。残りの20%強は、発行した国債の利払費と償還期限を迎えた国債の元本を返済するための償還費などの国債費である。地方交付税交付金は、地方自治体ごとに経済力が異なりそのために財政力も異なるので、その格差を是正することを目的としている。

　一般会計予算の歳入に占める公債金収入の割合を**公債依存度**という。2023年度の公債金収入は約36兆円、公債依存度は31.1%である。日本の財政運営は国債頼みが続き、慢性的な財政赤字が継続している。主要な税収源である所得税、法人税、消費税について詳しくみてみよう。

048

図5-1 2023年度一般会計予算 歳入・歳出の構成

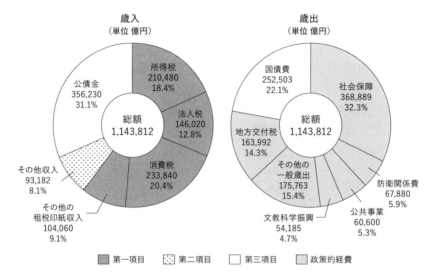

出所：財務省「令和5年度一般会計歳出・歳入の構成」

所得税は、賃金、利子、配当などの個人の所得全般にかかる租税である。所得税は累進課税制度となっており、所得が高くなるほど税率が高くなる。日本の所得税の最高税率は、所得が4000万円を超える額に45%ほどかかる仕組みである。

法人税は、法人の利益にかかる租税である。原則として、企業の決算が赤字となった場合には利益が発生していないため、法人税はゼロとなる。そのため、法人税による税収は大きく変動し不安定である。企業は、当然、低い法人税率を好むために、法人税が高いと海外に拠点を移すことがあり、世界的に法人税率は引き下げられる傾向にある。

消費税は、すべての財・サービスの取引に関して流通の各段階で生じる付加価値に応じて課されるものである。所得が増えれば消費も増えるが、所得の伸びに比例して増えるわけではないため、消費税は低

第5章　政府は何をするのか　049

所得者ほど負担感が大きくなる。現在、日本では生活必需品への税率を下げる軽減税率が導入されている。ただし、これは必ずしも逆進性を解決するものではない。**図3-5**でみたように消費は安定しているため、消費税は比較的安定した税収源だといえる。

5-6　どうやって国の借金を返すのか
：累積債務の問題

日本は長期的に歳出が増大し、現在、多額の債務を抱えている。財政赤字が拡大傾向にある原因の1つとして、少子高齢化があげられる。少子化は労働力人口と税収の減少をもたらし、高齢者の増加は年金財政を悪化させている。

国債には、主に建設国債と特例国債（赤字国債）がある。建設国債は、一般会計における公共事業費などの財源を賄うために発行される。建設国債を発行しても歳入が不足すると見込まれる場合には、公共事業費以外の歳出に充てる資金を調達するために特例国債を発行する。財政法は、公債発行を原則禁止しているが、建設国債などの公債発行は但し書きで容認されている。特例国債の発行には特例公債法の制定が必要だが、近年はそれにもとづく特例国債の発行が常態化している。

日本の国債は、いままで、ほとんどが日本国内の経済主体に引き受けられてきている。国債の償還を増税で賄う場合、納税者の可処分所得は減少するが、償還金を受け取る国債保有者も国内の経済主体であるため、彼らの可処分所得は増加する。つまり、国全体からみれば、国債の償還は納税者から国債保有者への資金の移動とみなすことができるため、GDPが減少するわけではない。このような考え方は機能的財政と呼ばれる。

しかし、大量の国債発行を続けその累積額を増大させれば、次のような問題が生じる危険がある。第1に、国債発行による積極的な財

政政策が民間投資の減少を引き起こす†。第2に、国債の利払費や償還費用が歳出の大部分を占め、社会保障や公共事業など政策のためへの支出が減少する。第3に、国債を購入する現在世代とその償還の財源のために増税される将来世代の間で、現在世代の財政負担が将来世代に移転されることになる。第4に、日本国内の経済主体が国債を引き受けず、国外主体が多く引き受ける場合、機能的財政がうまく作用しなくなる。

　財政の健全性を評価するための指標として、**プライマリー・バランス（基礎的財政収支）**がある。これは、政策的経費を国債発行以外の歳入でどれほど賄えているかを示すものである。具体的には次の式で表される。

　　　　プライマリー・バランス＝税収＋その他収入―政策的経費

また、

$$\underbrace{\text{税収＋その他収入＋公債金収入}}_{[歳入]}＝\underbrace{\text{政策的経費＋国債費}}_{[歳出]}$$

の関係から

　　　　　プライマリー・バランス＝国債費―公債金収入

とも表すことができる。**図5-2**は、財政の現状とプライマリー・バランスの関係を示したものである。2023年度一般会計予算をもとにしてプライマリー・バランスを計算すると、表の数値から、

プライマリー・バランス＝税収＋その他収入―政策的経費
　　　　　　　　　　　＝78兆7582億円―89兆1309億円＝―10兆3727億円

---

† これは第8章で説明するクラウディング・アウトである。

図5-2　プライマリー・バランス

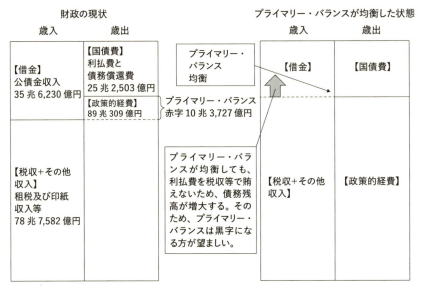

出所：財務省「これからの日本のために財政を考える」をもとに筆者が作成。

となり、プライマリー・バランスは10兆3,727億円の赤字となる。これは国債費25兆2,503億円から公債金収入35兆6,230億円を引いた結果からも確認できる。日本のプライマリー・バランスは長期間にわたって赤字であり、歳入を大きく国債に依存した状況が続いている。プライマリー・バランスが均衡した状態（ゼロ）では、国債費＝公債金収入が成立する。しかし、国債費には利払費が含まれているため、この状態でも債務残高は増加する。したがって、プライマリー・バランスは黒字である方が望ましい。これを示したものが**図5-2**の右図である。

　日本政府の債務の返済可能性を評価する際には、政府債務残高だけでなく、政府債務残高とGDPの比率も併せて用いることが多い。

政府債務残高GDP比率は以下のように計算される。

$$\text{政府債務残高GDP比率} = \frac{\text{政府債務残高}}{\text{GDP}}$$

　この比率は、分母であるGDPの成長率と、分子である政府債務残高の伸びを決定する利子率によって変動する。プライマリー・バランスが均衡している場合、政府債務残高は利子率に応じて増加するため、利子率が高いと債務残高も累積的に増加する。したがって、GDPの成長率よりも利子率が高い場合、政府債務残高GDP比率は上昇し続ける。一方、経済成長によってGDPの成長率が利子率を上回ると、**政府債務残高GDP比率**は次第に低下する。

　図5-3は、主要6ヵ国の債務残高GDP比率の推移を示している。

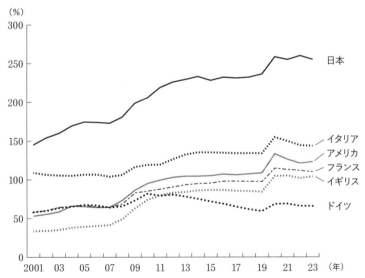

図5-3 ▶ 主要国の政府債務残高GDP比率の推移

注：数値は、一般政府債務（中央政府、地方政府、社会保障基金を合わせたもの）である。
出所：IMF「World Economic Outlook, October 2023」

現在の日本はGDPの250%を超える債務を抱えており、他国と比べても突出している。少子高齢化が進展し、社会保障費が増大する中で、財政赤字を即座に解消することは難しい。さらに、長く続いた低金利が上昇すると、利払費が増え、国債費も増加する。このような状況では、プライマリー・バランス、GDPの成長率、利子率を考慮しながら、全体的なマクロ経済運営を行うことで、財政赤字を改善する必要がある。

column

ジニ係数と所得再分配

　経済格差を考察する指標の1つに、**ジニ係数**がある。ジニ係数は、以下の手順で求められる。まず、世帯を低所得者から高所得者まで順番に並べる。横軸には、全世帯数を所得の低い順から積み上げた世帯数の累積比を、縦軸には所得の累積比をとるようなグラフを考えよう。もし所得分配が完全に平等であれば、世帯数の累積比と所得の累積比は一致し、**図5-4**のように、累積比のグラフは原点Oから点Pまでの45度線（直線OP）として描ける。これは、各世帯が同じ所得を持つ場合、所得の下位10%が全所得の10%を、所得の下位20%が全所得の20%を所有することになる。しかし、所得分配が不平等であれば、世帯数の累積比は所得の累積比ほどには伸びず、その関係は45度線から右下方に対して凸の曲線で表される。この曲線を**ローレンツ曲線**と呼ぶ。ジニ係数は、図中の三角形Aの面積に対する、45度線とローレンツ曲線に囲まれた部分の面積の割合である。

　ジニ係数は、全員が同じ所得だと0になり、全所得を1人が独占

図5-4 ローレンツ曲線

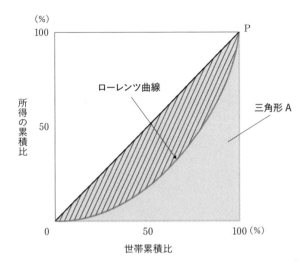

していると1になる。すなわち、0から1の間で格差が大きいほど数値が高くなり1に近づく。

厚生労働省の2021年「所得再分配調査報告書」によれば、税や社会保障による再分配前の2020年のジニ係数は0.5700である一方、公的年金の給付なども含めた再分配後の所得では0.3813である。再分配前のジニ係数は、格差が過去最大だった2014年の0.5704に次ぐ水準で、再分配により格差が大幅に改善されている。このようにジニ係数は、社会保障が機能しているかどうかの重要な指針となっている。

お金はどうして重要なのか
貨幣と利子率

はじめに

　この章では、貨幣の意味と社会的役割について学ぶ。そもそも貨幣とは何であり、なぜ社会に存在するのか。貨幣のもっとも重要な役割は支払い手段であることを確認する。また、貨幣は銀行組織と密接な関係を持つため、貨幣の理解には利子率の知識が欠かせない。この章では貨幣と銀行組織の関係や利子率の基礎的なことを学ぶ。

6-1　貨幣の3つの機能

　貨幣という言葉は日常生活ではあまり用いられない。一方、英語"money"は英語圏では日常生活できわめてよく用いられる。貨幣という単語にはあまり馴染みがないかもしれないが、とりあえず日常で使う「お金（オカネ）」と理解して考察してみよう。
　なぜ貨幣は社会に存在するのか。貨幣の持つ社会的機能はどのようなものであろうか。代表的な社会的機能として次の3つがあげられる。
（1）**交換の仲介機能：支払い手段**　もし無人島へ1人で行くならば貨幣は必要だろうか。明らかにその場合は貨幣は何の役にもたたない。

自分の欲しいものを提供してくれる人がいてこそ貨幣は役に立つ。その財の入手の際に支払い手段として貨幣を使う。その一方で、仮に社会に貨幣が存在しなければ、人々は自らの欲するものと自らの提供するものを直接交換する必要がある。このような物々交換経済は、きわめて効率が悪い。人々は交換相手を探すのに忙殺されるであろう。私たちの社会では、パン屋はパンの代金として貨幣を受け取り、自らが欲するものを貨幣と交換して手に入れる。もし、貨幣がなければパン屋はパンと自らが必要とする衣類、野菜、自動車を交換する人を捜さねばならない。

　なぜ私たちは自らの提供するものをためらいなく貨幣と交換するのだろうか。それは、自らが欲するものと貨幣が交換されることを知っているからである。どこでも、だれでも、いつでも支払い手段として受け取ること、つまり、貨幣の支払い決済機能を知っているからである。

(2) **価値尺度**　パン屋はパンの価値をどのように表示するだろうか。日本国内では「円」によってである。パン1個はにんじん2本とかトイレット・ペーパー1本とはいわない。財の価値は貨幣の単位を持って表示される。価値の表示方法としてきわめて効率がよいという意味で優れている。

(3) **価値保蔵手段**　なぜ人々は貯金をするのだろうか。それは今日の蓄えを将来のためにとっておくためである。なぜ、人々は銀行への預金の代わりにモノで資産を保蔵しないのか。それは、モノは保蔵の際に壊れる、場所をとる、特別な管理が必要など費用がかかり、また、土地、美術品などは価値が安定していないからだ。このように考えると、貨幣は優れた価値保蔵手段となる。

　上の交換の仲介機能と関連する「どこでも、だれでも、いつでも支払い手段として受け取ること」が一般的に貨幣のもっとも本質的な特質と考えられる。

ところで、ビットコインに代表される暗号資産・仮想通貨は貨幣といえるだろうか。いまのところ、支払い手段としてきわめて限られたかたちでしか利用できないため、経済学的には貨幣とは考えられない。また、小売店で発行されるクーポンや商品券も同様である。限られた場所・店舗、限られた期間という意味で通用する範囲がきわめて限定されるためである。

6-2　経済にどれくらいお金があるのか
：マネー・ストック

　経済に流通する貨幣の総量を示す統計指標に**マネー・ストック**がある。その内容をみていくと、貨幣の具体的なかたちが明らかになっていく。貨幣の特質は一般的な支払い手段となることだが、ここでは、逆に一般的な支払い手段となるものを貨幣と考えるとしよう。つまり、どこでも、だれでも、いつでも支払い手段として受け取るものを貨幣と考える。

　すると、まず現金が貨幣と考えられる。日本の場合は中央銀行である日本銀行の発行する日本銀行券は貨幣である。次のような例を考えてみよう。Aさんは現金を3,000円、そして、銀行の普通預金口座に10,000円を持っている。彼は、いますぐ5,000円の靴を買いたい。はたしてどうするだろうか。すぐにATMで預金口座からいくらかを引き出し手元の現金と合わせて靴を買うだろう。必要となれば彼はすぐに手元の現金と預金口座残高との合計額の13,000円までの支払いが可能である。つまり、支払い手段の視点からすると、現金と普通預金口座の残高は全く同等となる。

　企業などは支払いに小切手を使うことがある。小切手の振り出しには、銀行の当座預金口座に少なくともその額面以上の残高が必要となる。当座預金口座残高以下の金額ならばすぐに小切手で支払いでき

る。小切手を受け取った側はそれを銀行へ持っていけばその預金口座に同等の金額が振り込まれる。支払い手段の視点からすると、やはり、現金と当座預金口座の残高は同等となる。経済統計の用語では、普通預金と当座預金を合わせて**要求払い預金**と呼ぶ。マネー・ストック**M1**は次のように定義される。

$$M1 ＝現金流通量＋国内の要求払い預金残高総量$$

M1は国内に流通する現金および支払い手段として現金と同等のものの総量である。前者は現金通貨、後者は預金通貨とも呼ばれる。

銀行の預金口座には、普通預金、当座預金と並んで定期預金がある。定期預金は予め決められた期間中預ける代わりに有利な利子率が適用される。その一方、低い利子率の適用や手続きの手間などを受け入れれば、予め決められた期限前に引き出すこともできる。また、外貨預金と呼ばれる外国通貨建ての預金がある。これも引き出しには少々の手間と時間が必要となる。これらは、支払い手段の視点からすると定期預金や外貨建て預金などは現金と全く同等とはいえなくてもある程度近いものと考えられる。これらをまとめて**定期性預金**と呼ぶ。

マネー・ストック**M2**は次のように定義される。

$$M2 ＝現金流通量＋ゆうちょ銀行を除く国内の要求払い預金残高総量$$
$$＋ゆうちょ銀行を除く国内の定期性預金残高総量$$

M2の定義は郵政民営化に伴い2007年にゆうちょ銀行が国内銀行として扱われるようになったことに起因している。それ以前は、郵便貯金の受け入れ主体（郵便局、郵政公社）は国内銀行と分類されなかったために、貨幣残高に関する統計において郵便貯金は一般銀行の預金と違う扱いとされた。このような歴史的経緯から現在のM2は定義された。

そして、マネー・ストック**M3**は次のように定義される。

M3＝現金流通量＋国内の要求払い預金残高総量
＋国内の定期性預金残高総量
＝M1＋国内の定期性預金残高総量

　国内の定期性預金残高総量は、その性質のために準通貨とも呼ばれる。M3は、国内に流通する現金および支払い手段として現金と同等あるいは近いものの総量と考えられる。政策的にはM3が重要視されている。

6-3　さまざまな銀行組織

　金融仲介機関としての銀行組織を考えていく。銀行は、しばしば中央銀行とその他の民間銀行に大別される。**中央銀行**は銀行であるがその他の銀行とは大きく異なる。日本の中央銀行は**日本銀行**である。
　中央銀行は次の3つの役割を持つとされる。

　発券銀行：銀行券、つまり、紙幣を発行する。
　政府の銀行：国債を売買し、国への資金提供も行う。
　銀行の銀行：他に貸し手が居なくなったときに最後に貸す貸し手となる。

　多くの国にはただ1つの中央銀行が存在する。アメリカの中央銀行は**連邦準備制度**である。形式上は国内の各地区に連邦準備銀行（Federal Reserve Bank）と呼ばれる組織が存在し、そのために国内には複数の中央銀行が存在するようにも思えるが、それはすべて連邦準備制度理事会（Federal Reserve Board）の下にあり、実質上は1つの存在となっている。
　どの国においても中央銀行は金融政策の担い手である。そして、

第6章　お金はどうして重要なのか　061

図6-1　金融機関の関係

　中央銀行はその業務において**物価の安定**を第1の目的としている。各国の中央銀行はそれに加えて他の目的を持つことがあるが、それは国によって異なる。たとえば、日本銀行は**金融システムの安定**も目的としており、アメリカの連邦準備銀行は**雇用の最大化**も目的としている。そのため日本銀行は、民間銀行と異なり、自らの利益最大化ではなく物価の安定をとおして日本経済の安定を図ることを目指して日々の運営をしている。

　中央銀行、一般の銀行、そして銀行以外の部分（非金融部門）の関係は**図6-1**のようになる。

　日本を含め多くの国々では、一般の銀行は中央銀行に預金を持つことが義務付けられている。その預け入れは**準備預金**と呼ばれ、各銀行が受け入れている預金の一定の割合（**預金準備率**または**法定準備率**）を中央銀行に預けなければならない。通常は、無利子である。銀行は資金を一般の貸し出しにまわせば利子を得られるのだから、中央銀行への準備預金は銀行にとって経営上の負担となる。

　日本銀行は、政府から法的に独立した組織であり、日本銀行法により運営されている。その職員は公務員ではない。財政的にも政府から独立しており、その収入は租税ではなく自ら保有する債券などの資産からの利子などによっている。政府と協調しながらも日本銀行の判断で金融政策を運営していく。このような特性を**中央銀行の独立性**と呼び、程度の差はあるものの多くの国で中央銀行の独立性は望ましいものと考えられている。

6-4 利子率と債券価格の関係

　実際の経済には預金利子率、銀行から企業への貸出利子率などさまざまな**利子率**（金利とも呼ばれる）が存在する[†]。その利子率について考えてみよう。

・**国債**と**社債**　債券とは資金借用の証書であり、保有者は利子を受け取り満期には元金を受け取る。所有者は他への転売可能である。その中には国債と社債があり、前者は政府が発行し後者は企業が発行する。債券は万が一にも発行する主体が倒産すれば利子のみならず元金の一部または全部が支払われなくなる恐れがある。つまり、債務不履行・デフォルトである。現在の日本政府はその発行する債券に対してデフォルトをする可能性はまずない、と多くの人々は考えている。つまり、国債は安全な資産と考えられている。ただし、歴史をみると世界的には国債のデフォルトは決して珍しくはない。アルゼンチンなどのように過去にデフォルトを繰り返した国もある。

　一方、企業のデフォルトの可能性は一般に政府のそれよりは高いと考えられるであろう。デフォルトのリスクのある場合とない場合を比較すると、デフォルトのリスクのある場合にはその見返りとして高い利子率を払う必要がある。そうしなければデフォルトのリスクのある債券は買い手が現れない。したがって、一般に社債の利子率は国債の利子率より高くなっている。また、社債を発行する企業の経営状況によりリスクは異なるので、企業により社債の利子率も異なる。

・**利子率**と**債券価格**　年間利子として5万円を受け取る債券を考える。当初、100万円で売り出されたとすると利子率は5%となる。しかし、

[†]　本書ではこの節以外では、第7章6節でコールレートと公定歩合といった利子率が説明されている。

第6章　お金はどうして重要なのか　063

その後、支払いに不安が出てきて、多く売りに出されて価格が50万円に下がったとする。すると、利子率は10%となる。つまり、債券価格の下落は利子率の上昇を意味する。次に、発行価格が100万円で毎年1万円の利子を受け取れる債券を考えてみよう。このとき利子率は1%となる。翌年に同じ発行価格100万円で年間に2万円の利子を受け取れる債券が発行されると利子率は2%となる。すると、前年発行された債券は価格が100万円のままではだれも買わなくなり、価格が50万円までに下がらなければ取引されなくなる。このように、利子率の上昇は債券価格の下落を意味するともいえる。

　金融機関は国債など大量の債券を資産として保有しているため、利子率の急激な変動は金融機関の保有する債券価格の急激な変動を招き、金融機関の経営に望ましくない影響を与えかねない。そのために、金融政策において利子率は徐々に変更されるのが一般的である。

・**短期利子率**と**長期利子率**　返済が予め1年未満と決められた資金の利子率を短期利子率、1年以上の利子率を長期利子率と呼ぶ。利子率は予想される物価上昇率などの影響も受けるが、一般には、長期利子率のほうが短期利子率よりも高くなる傾向がある。その理由はいくつか考えられる。資金を短期に繰り返し運用する場合と長期的に資金を固定する場合では、後者のほうが資金の出し手の自由度が低い。その見返りとして長期利子率が高くなる。また、近い将来に比べて遠い将来のほうがさまざまなリスクが増大するので長期利子率のほうが高くなると考えられる。返済期間あるいは債券の満期となる期間と利子率の関係を**イールド・カーブ**と呼ぶ。

　図6-2は短期・長期プライムレートを示したものである。**プライムレート**は民間金融機関が優良企業へ貸し出す際の利子率である。一貫して長期プライムレートが短期プライムレートを上回っていることが読みとれる。

　図6-3は国債の利子率と満期までの残存期間の関係を2010年2月

図6-2 短期・長期プライムレート（年平均）

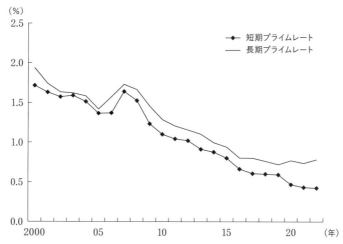

出所：日本銀行ホームページ

図6-3 イールド・カーブ：国債の利子率と満期までの期間の関係

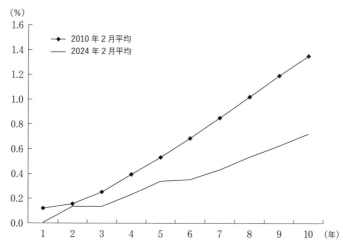

出所：財務省ホームページ

と2024年2月について示したものである。つまり、2つの時点のイールド・カーブを表している。いずれの場合にも国債の償還までの期間が長くなるほど利子率が高くなることがわかる。

---

column

フィッシャー効果

　一般に私たちが利子率と呼んでいるものは、正確にいえば**名目利子率**である。債券などは、元金に対して予め決められた比率で利子が支払われる。この比率が名目利子率である。一方、名目利子率と物価上昇率の差を**実質利子率**と呼ぶ。これは次のように表される。

実質利子率＝名目利子率－物価上昇率　または、

名目利子率＝実質利子率＋物価上昇率

　実際に物価上昇率がどれだけになるかは事後的にしかわからないから、名目利子率に関する関係を考えるときは、この物価上昇率は期待物価上昇率（予想物価上昇率）と考えてよい。

　まず、資金の貸し手の立場から考える。物価上昇率が高ければ、元金が名目利子率にもとづき計算された利子とともに返済されても、その資金は物価上昇分だけ価値が減じている。したがって、インフレで物価上昇率が高いときにはそれへの見返りとして高い名目利子率でなければ資金を貸し出すことはない。次に借り手の立場から考える。資金を借りて生産のために必要な機械などの資材を購入しても、インフレであればその資材の価格も上昇する。その資産価値の増加による利得も考えれば、資金を借りる負担は少なくなる。したがって、名目利子率が少々高くなっても受け入れる。このようにして、物価上昇率が高くなると名目利子率も高くなる。高い物価上昇

066

率が名目利子率を高くすることを**フィッシャー効果**と呼ぶ。この名称は、利子率と物価上昇率の関係を体系的に研究した20世紀のアメリカを代表する経済学者であるフィッシャー（I.Fisher）にちなむ。仮に物価上昇率が1％ポイント高くなるごとに名目利子率も1％ポイント高くなれば実質利子率はつねに一定となる。ただし、これがいつも実現するわけではない。現実の経済で物価上昇率が1％ポイント高くなるにつれて、どれだけ名目利子率が高くなるかについてはさまざまな見解がある。

　ここで、インフレと逆のデフレの場合を考えてみよう。デフレの場合は、物価上昇率がマイナスだから実質利子率が名目利子利率よりも高くなる。資金の借り手からすると、生産のために機械などを購入してもその価格も下落するため、資産価値の下落も負担となる。高い実質利子率は借り手に大きな負担となる。日本では1990年代以降に低金利政策がとられ、きわめて低い名目利子率となったが、ときおりやってくるデフレのために実質利子率の低下は必ずしも十分なものでなかったことが指摘されている。

お金はどこから生まれるのか
貨幣市場

はじめに

　貨幣は社会にどのように供給されるのだろうか。前章では、貨幣は中央銀行から供給される現金だけではなく銀行の預金も含むと学んだ。中央銀行はどのように経済の貨幣総量をコントロールするのだろうか。この章では中央銀行と貨幣総量であるマネー・ストックの関係や、銀行組織外の経済主体が現金や預金の保有量を決定するメカニズムをみていく。そして、貨幣の供給と需要によって利子率が決定されることを示す。

7-1　お金がどんどん増える？：信用創造

　第6章でみたように、経済に流通する貨幣は現金と預金からなる。現金は中央銀行が発行するが、預金は中央銀行ではなく民間の銀行組織の中で生まれていく。そのプロセスは次のように、預金自らが預金を生むというようなものである。

　ある個人または企業Aが新たに銀行に100万円の預金を預けたとしよう。するとこの銀行は預金準備率に従って中央銀行に準備預金を預けるが、その割合を10％としよう。すると、この銀行は残りの90％に当たる90万円を新たに貸し出すことができる。これを個人または

企業Bに貸し出したとしよう。そして、そのBはその90万円を預金とすると銀行は、その90万円のうち準備預金（90万円×10％＝9万円）の残りである81万円をさらに貸し出すことができる。この貸し出しを受けた個人または企業がそれを預金する。このようなプロセスを続けると、当初の100万円の預金によって生まれる預金の総額は単位を万円とすると次のようになる（単位は万円）。

$$100 + 100 \times 0.9 + 100 \times 0.9^2 + 100 \times 0.9^3 + \cdots = 100 \times \frac{1}{1-0.9} = 100 \times \frac{1}{0.1}$$

$$= 100 \times 10 = 1000$$

すなわち当初の預金の10倍もの預金の増加を生む。これを**信用創造**のプロセスと呼ぶ。この10倍に当たる部分はちょうど預金準備率の逆数（1/預金準備率）となっている。

7-2　中央銀行がお金をコントロールする

　次に、中央銀行が経済に流通する貨幣の総量であるマネーストックをコントロールする仕組み、つまり貨幣供給のメカニズムを考える。

　中央銀行は、家計や企業の預金残高を直接にコントロールできないから、当然、経済の貨幣総量であるマネー・ストックを直接にコントロールできない。しかし、中央銀行はマネー・ストックに影響を与えることはできる。

　中央銀行が発行する現金の流通量と、民間銀行から受け入れる準備預金を合わせて**マネタリー・ベース**と呼ぶ。民間銀行は無利子である中央銀行における準備預金を少なくしたいので、準備預金額は定められた預金準備率に応じた額ちょうどとなる。したがって、マネタリー・ベースは中央銀行が直接にコントロールできるものと考えられ

る。

$$マネタリー・ベース＝現金＋準備預金$$

マネー・ストックとマネタリー・ベースの比率を**貨幣乗数**または**信用乗数**と呼ぶ。

$$貨幣乗数＝\frac{マネー・ストック}{マネタリー・ベース}$$

この貨幣乗数が安定していれば、中央銀行はマネタリー・ベースの調節によってマネー・ストックをコントロールできることになる。

　貨幣乗数は次のように表される。C：現金 (Cash)、R：準備預金 (Reserves)、D：預金 (Deposits)、MB：マネタリー・ベース、M：マネー・ストックとすると、マネタリー・ベースとマネー・ストックの定義から次のような関係が成り立つ。

$$MB = C + R$$
$$M = C + D$$

このときマネー・ストックとして、M1を考える場合は預金として要求払い預金のみを考える、M3を考える場合はそれに定期性預金を加える。α を現金と預金の比率（C/D）とし、β を預金準備率（R/D）とする。すると、次の式が成り立つ。

$$C = \alpha D$$
$$R = \beta D$$

α は家計や企業の選好、社会の商慣習などによって決まる。そのために短期的には安定している。ただし、長期的にはキャッシュレス化（この場合にはαは低下する）の進展などにより変化することもありうる。その一方、β は中央銀行がコントロールする。上の4式から次の関係

第7章　お金はどこから生まれるのか　　071

が得られる。

$$M = C + D = \alpha D + D = (1 + \alpha)D$$
$$MB = \alpha D + \beta D = (\alpha + \beta)D$$

したがって、貨幣乗数は次のようになる。

$$貨幣乗数 = \frac{M}{MB} = \frac{(1 + \alpha)D}{(\alpha + \beta)D} = \frac{1 + \alpha}{\alpha + \beta}$$

　この式は以下の2つのことを意味する。第1に預金準備率 β は1より小さいため、現金預金比率 α が上昇すれば貨幣乗数は低下する。第2に、預金準備率 β が上昇すれば貨幣乗数は低下する。つまり、貨幣乗数は預金に対する現金の比率が下がれば高くなり、預金準備率が引き上げられれば低くなる。

　はたして貨幣乗数は実際に安定的であろうか。**図7-1**はマネタリー・ベースとマネー・ストックM1とM3の動きを示している。**図7-2**はM1とM3についての貨幣乗数を示している。**図7-2**から、貨幣乗数は短期的には大きく変動しないが、長期的にはかなり大きく変化していることがわかる。特に、2013年ごろからM1とM3についてともに貨幣乗数の低下が著しい。この時期には日本銀行が**量的・質的金融緩和政策**の導入を決定し、消費者物価指数の前年比2%上昇を2年程度の期間で実現することを目指し、マネタリー・ベースを2年で2倍に拡大するとした。このことは**図7-1**に示されるマネタリー・ベースの動きからみてとれる。しかし、マネー・ストックはそれに比例するようなかたちでは伸びず、貨幣乗数は長期的に大きく低下した。

072

図7-1 貨幣量の推移

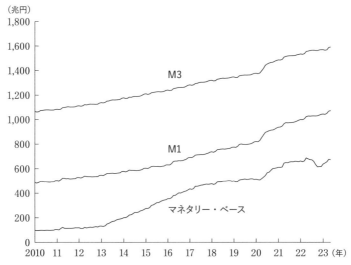

出所：日本銀行ホームページ

図7-2 貨幣乗数

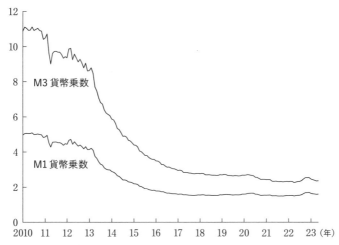

出所：日本銀行ホームページ

第7章 お金はどこから生まれるのか 073

7-3 お金はなぜ必要になるのか：貨幣需要関数

　貨幣需要とは家計、企業、そして政府などの経済主体が保有しようとする貨幣の総量、つまり、現金や預金の総量を意味する。そして、その決まり方を表したものを**貨幣需要関数**と呼ぶ。それはのようなものだろうか。

　機会費用とは資本（資産）を他の用途に使用していたら得られたであろう利益のことである。その例としてしばしばあげられるものは、大学で学ぶために生じる機会費用である。もし高校を卒業してすぐ就職し、フルタイムで働いていたなら所得を得ていただろうが、大学生はそれを犠牲にして大学で4年間を過ごす。この場合、4年間で得られたであろう所得が機会費用となる。

　貨幣の保有にも機会費用が生じる。貨幣と同程度に安全な債券を考えてみよう。もし貨幣の代わりにこの債券を保有していたら利子を得る。貨幣を保有することは、その利便性のためにその利子をあきらめるということである。この場合の利便性とは支払い手段を指す。債券を保有していたら得られたはずの利子は、貨幣保有の機会費用と考えられる。利子率が2%の場合、100円につき2円の機会費用が生じる。つまり、1円につき0.02円の機会費用となる。この機会費用は2%＝0.02に対応している。すなわち利子率は貨幣1円を保有する機会費用と等しくなる。したがって、利子率が上昇すれば貨幣保有の機会費用が増加する。各経済主体は、貨幣の代わりの債券の保有を増やそうとし貨幣需要は減る。

　他方で、取引の支払いのためには貨幣は不可欠である。取引額が増えればより多くの貨幣を保有する必要が生じ、貨幣の取引需要は増加する。経済全体でみれば、名目GDPが増加すれば取引額は増加するため貨幣需要も増加すると考えられる。

このような関係は、貨幣需要をMd、名目GDPをY^N、利子率をrと表すと次のような式になる。

$$M_d = L(Y^N, r)$$

ただし、Y^Nの増加は$L(Y^N, r)$を増加させ、rの上昇は$L(Y^N, r)$を減少させる。

さらに、物価水準が変動し、名目GDPと実質GDPの区別が必要となるような場合を考えてみよう。物価水準が上昇すると支払い額は比例的に増加するので、貨幣需要も比例的に増加する。すると、実質GDPをY^R、物価水準(基準年の物価指数を1とする)をPで表すと次のような式になる。

$$M_d = P \cdot L(Y^R, r)$$

あるいは、

$$\frac{M_d}{P} = L(Y^R, r)$$

となる。

7-4 流動性という考え方

貨幣需要関数は、多くの場合に前節のようにLというアルファベットを用いて$L(Y, r)$と表されるが、これは流動性(Liquidity)に由来する。**流動性**とは、貨幣に交換する容易さのことである。たとえば、国債や大手企業の社債は取引量も多くすぐに容易に売却(貨幣に交換)できるので、この場合にこれらの資産は流動性が高いという。一方、美術品や不動産の取引には手間と時間が必要で売却(貨幣への交換)はさほど容易でなく、急ぐと適切な価格で売却できない恐れが出てくる。

この場合にこれらの資産は流動性が低いという。貨幣そのものはもはや交換の必要もないのでもっとも流動性が高いと考えられる。そのために、ときとして、貨幣と同義で流動性という単語が使われることもある。

7-5　利子率はどう決まるのか

　貨幣の供給と需要を組み合わせることで利子率の決定が説明できる。ごく短い期間のために物価水準と実質GDPが一定であるような場合、貨幣需要は利子率が上昇すれば減少する。一方、経済全体の貨幣量マネー・ストックは中央銀行がある程度調節できる。つまり、貨幣供給は中央銀行が調節できるとしよう。縦軸に利子率r、横軸に貨幣需要M_d、貨幣供給M_sをとると、その関係は**図7-3**のように表される。

　貨幣供給がM_s^1のとき、貨幣需要と貨幣供給が等しくなるように、つまり、貨幣市場が均衡するように、点E_1に対応して利子率はr_1に決まる。貨幣供給がM_s^1からM_s^2に増加すれば点E_2に対応して利子率はr_1からr_2に下落する。貨幣供給の増加は利子率を低下させる。ところで、**図7-3**ではこれまで説明してきた貨幣需要関数と異なり、利子率がきわめて低くなると貨幣需要曲線が右下がりではなく水平に表されている。このとき、さらに貨幣供給をM_s^3に増加させても点E_3に対応してもはや利子率は下がらなくなっている。この状態は、**流動性のわな**と呼ばれ、ケインズによって次のように説明されている。利子率が極端に低くなると債券を買っても得られる利子はわずかである。しかも、このとき低い利子率に対して債券価格は十分に高くなっていて、もはや価格下落による損失が生じる可能性が高くなるばかりである。そのためにだれも債券をいまよりも高い価格で買おうとしな

図7-3 貨幣供給量と利子率の関係

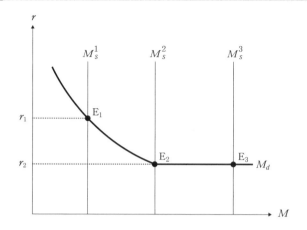

くなる。こうして、利子率は下がらなくなる。流動性のわなでは、中央銀行が貨幣供給を通じてもはや利子率が下げられないという意味で、金融政策の有効性が失われてしまう。

7-6　日本における中央銀行と金融市場の関係

　中央銀行は金融政策の担い手であるとすでに述べたが、実際には中央銀行はどのようなかたちで金融市場に影響を与えているのだろうか。市中の利子率が一般的に低下すると企業の投資は増え、景気は上昇方向に進むことが期待される。これを**金融緩和**と呼ぶ。一方、市中の利子率が一般的に上昇すると、逆に景気は下降方向に進むと考えられる。これを**金融引き締め**と呼ぶ。しかし、中央銀行は民間銀行が企業に貸し出す際の利子率を直接に決めるわけでも、貸出額を決めるわけでもない。

日本銀行は伝統的に預金準備率を操作することにより、また、日本銀行から民間金融機関へ貸し出す際の利子率である**公定歩合**（現在は「基準割引率および基準貸付利率」と呼ばれる）を操作することによって金融市場に影響を与えてきた。1990年代半ばからは、日本銀行が債券市場において債券を売買する**公開市場操作**による金融調節を行うようになった。日本銀行が債券市場から債券を購入すれば、その購入代金として日本銀行から市中へ資金が出ていき市中に流通する資金が増加する。また、債券価格は上昇するので利子率は低下する。これは**買いオペ**と呼ばれ、金融緩和であり、投資を増加させ景気を上昇方向に向ける。反対に、日本銀行が債券市場で手持ちの債券を売却すれば、その代金として市中から日本銀行へ資金が流入し、市中に流通する資金は減少し利子率は上昇する。これは**売りオペ**と呼ばれ、金融引き締めであり、投資を抑え景気を下降方向に向ける。

　バブル景気後の長引く景気低迷のために、1990年代から日本銀行はそれまでにみられなかったやり方で金融緩和の政策を次々と進めた。1999年には無担保コールレートを限りなく低くすることを目指すことを決定した。**コールレート**は金融機関の間で短期の資金の貸し借りをする際の利子率であり、日本銀行は積極的に資金を供給して無担保コールレート翌日物（無担保で借り翌営業日に返済するきわめて短期の資金の利子率）を事実上ゼロの水準にする**ゼロ金利政策**をとった。市場の利子率は原則的にはゼロという下限が存在するために、さらなる金融緩和のために2001年には**量的緩和政策**がとられた。政策目標をこれまでの金利ではなく資金量に変更した。具体的には、民間銀行が日本銀行に持つ準備預金を一定水準にするように金融市場を調節するものである。民間銀行が資金を預金準備から利子が得られる企業などへの貸し出しに回すことを期待したものである。2010年には、それまで市中から購入する資産の対象でなかった株式や不動産の投資信託にまで対象を拡大し、市中に流通する資金のさらなる増大を図るように

なっていった。さらに2013年には**量的・質的金融緩和政策**が開始された。これはマネタリー・ベースを政策目標として市中に流通する資金の増大を図るものである。また、投資信託などの購入も続けた。2016年には民間銀行が市中での貸し出しを増やすことを期待し、準備預金の一部に対してマイナスの利子率を適用する**マイナス金利政策**を導入した。

　このように日本銀行は20年以上にわたり、金融緩和をそれまでにみられなかった政策を導入しながら強力に推し進めてきた。しかし、その極端な金融緩和をどのようなかたちで終わらせるか、いわゆる「出口戦略」もようやく議論されるようになってきた。

第 **8** 章

財市場と貨幣市場を同時に考える
IS-LM 分析

は|じ|め|に

　これまで、財市場では総需要と総供給の均衡からGDPが決定され、貨幣市場では貨幣供給と貨幣需要の均衡から利子率は決定されることを別々に考察してきた。その際、財市場の分析では利子率が一定であると仮定し、貨幣市場の分析ではGDPは一定であると仮定してきた。しかし実際には、利子率の水準とGDPの水準はお互いに影響を与え合い変化する。その意味で、財市場と貨幣市場は相互依存関係にある。そのため、財市場と貨幣市場の2つを同時に分析し、GDPと利子率の決定を1つのフレームワークの中で説明する必要がある。それを可能にするのが、*IS-LM*分析である。まず財市場の均衡を表す*IS*曲線を導出し、次に貨幣市場の均衡を表す*LM*曲線を導出する。この2つを組み合わせて、GDPと利子率が同時に決定されることを示す。最後に、財政政策・金融政策の効果を分析する。

8-1　財市場と*IS*曲線

　*IS-LM*分析のために使われる分析ツールの1つが *IS*曲線である。これは、財市場が均衡するGDPと利子率の関係を表すものである。

*IS*曲線を導くポイントは、投資が利子率によって変化するということである。第3章でみたように、投資は利子率が上昇すると減少する。この投資の減少は、総需要の縮小を通じてGDPを減少させる。すなわち、財市場を均衡させる利子率とGDPは負の関係（片方が上昇すると片方が減少する関係）にある。

図8-1では、縦軸に利子率 r、横軸にGDP Y がとられている。この図の点 E_0 において、財市場では総需要と総供給が一致し、GDPが Y_0、利子率が r_0 に決まっているとする。すなわち、GDP Y_0、利子率 r_0 のもとで財市場が均衡し、

$$Y_0 = C(Y_0) + I(r_0) + G$$

が成立している。ここで利子率が r_0 から r_1 へ上昇したとすると、投資は $I(r_0)$ から $I(r_1)$ に減少することになる。この投資の減少は総需要を $C(Y_0) + I(r_1) + G$ へと減少させることから、財市場では総需要が総供給よりも小さい超過供給の状態になる。

$$Y_0 > C(Y_0) + I(r_1) + G$$

この状態は図の点Pで表されている。この財市場における需給の不均衡は、総供給であるGDPが Y_0 から Y_1 へと減少することによって解消され、再び均衡へと至る。つまり、

$$Y_1 = C(Y_1) + I(r_1) + G$$

となる。すなわち、GDP Y_1、利子率 r_1 のもとで再び総需要と総供給が均衡し、新たな均衡は点 E_1 となる。このようにして描かれた財市場の均衡点 E_0、E_1 を結ぶと右下がりの曲線を描くことができる。これが **IS 曲線**である。

*IS*曲線という名前は、財市場の均衡においては、投資 I と貯蓄（saving: S）が等しくなることに由来する。実際、$Y = C(Y) + I(r)$

図8-1 ▶ IS曲線の導出

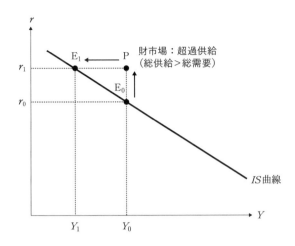

$+G$ の式から $I(r) = Y - C(Y) - G$ の式が導かれ、この右辺 $Y - C(Y) - G$ が、所得のうち家計にも政府にも消費されなかった残りの額として貯蓄を表すことから、$I(r) = S$、すなわち投資 I = 貯蓄 S が導かれる。

利子率が変化しなくても、何らかの理由で総需要が変化した場合には、それに応じてGDPが変化する。それはIS曲線のシフトによって表される。たとえば、一定の利子率のもとで、政府が拡張的な財政政策を行い総需要が増大する場合、財市場が均衡するにはGDPも増大しなければならない。この場合、**図8-2**に示すように、IS曲線は IS_0 から IS_1 へと右方にシフトする。反対に、同条件下で政府支出の削減など緊縮的な財政政策を政府が行い、総需要が減少すれば、GDPは減少するため、IS曲線は IS_0 から IS_2 へと左方にシフトする。

第8章 財市場と貨幣市場を同時に考える 083

図8-2 ▶ IS曲線の左右シフト

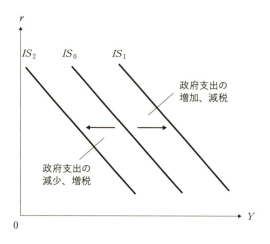

8-2　貨幣市場とLM曲線

　IS-LM分析のもう1つのツールがLM曲線である。これは、貨幣市場が均衡するGDPと利子率の関係を表す。LM曲線のポイントは、この2つは正の関係（片方が上昇するともう片方も上昇する関係）にあるということである。

　図8-3のように、縦軸に利子率r、横軸にGDP Yをとる。この図の出発点のE$_0$では、貨幣市場を均衡させるGDP Y_0と利子率r_0の組み合わせが実現しているとする。すなわち

$$M = L(Y_0, r_0)$$

が成立している。貨幣供給量Mは中央銀行の政策に変化がない限り一定と仮定される。ここでGDPがY_0からY_1に増加したとすると、第7章でみたように、このGDPの増加は貨幣の取引需要を増加させ

図8-3 ▶ LM曲線の導出

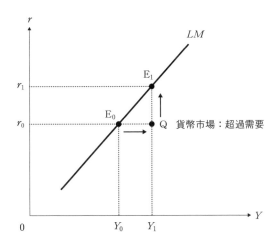

るので、貨幣需要量が貨幣供給量を上回る。

$$M < L(Y_1, r_0)$$

この状況は図の点Qで表されている。一定の貨幣供給量のもと、この貨幣市場における需給の不均衡が解消され、再び均衡状態となるためには、貨幣需要が元に戻るように利子率がr_0からr_1へと上昇しなければならない。結果として、新たな貨幣市場の均衡はGDP Y_1と利子率r_1の組み合わせにおいて実現する。これが図中の点E_1であり、そこでは

$$M = L(Y_1, r_1)$$

が成立している。このようにして導かれた貨幣市場の均衡点E_0、E_1を結ぶと右上がりの曲線が描かれる。これが **LM曲線** である。LM曲線という名前は、貨幣需要関数を表すLと貨幣供給を表すMに由来する。

第8章 財市場と貨幣市場を同時に考える　085

図8-4 ▶ LM曲線の左右シフト

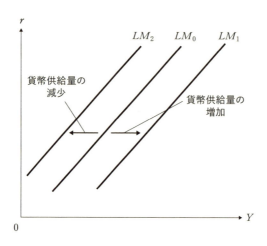

　利子率が変化しなくても、貨幣供給量が変化した場合には、その変化に応じて貨幣市場を均衡させるGDPの水準が変化する。これはLM曲線のシフトによって表される。たとえば、利子率が一定のままで、中央銀行が金融緩和政策を実行し、貨幣供給量が増加する場合、貨幣市場が均衡するには、GDPが増大することにより貨幣の取引需要が増えなければならない。

　この場合、**図8-4**に示されるようにLM曲線はLM_0からLM_1へと右方にシフトすることになる。反対に、緊縮的な金融政策により貨幣供給量が減少する場合には、LM曲線がLM_0からLM_2へと左方にシフトする。

8-3　財政・金融政策の効果：*IS-LM*分析

　これまでの分析をまとめると、*IS-LM*モデルは**表8-1**のように整

理できる。また、IS曲線とLM曲線は、縦軸と横軸が同じであるため、**図8-5**のように同一平面上に図示できる。この図から、2つの曲線には交点E_0が存在することがわかる。この点では、財市場と貨幣市場が同時に均衡しており、均衡となる利子率r_0とGDP Y_0の水準が決定される。

このように、IS-LMモデルを用いることで財市場と貨幣市場の同時均衡を説明できるが、2つの市場が均衡したとしても、必ずしも望ましい水準の雇用が実現するとは限らない。もし失業が存在する場合には、経済は失業者を抱えたままで均衡することになる。そのような場合には、財政政策によりIS曲線を、あるいは金融政策によりLM曲線をシフトさせることによってGDPの水準を増加させる必要がある。IS-LMモデルによって、このような財政政策と金融政策の効果を視覚的に分析することが可能となる。

第8章1節でみたように、拡張的な財政政策を行えば、IS曲線が右方へシフトする。これを示しているのが**図8-6**である。IS_1曲線からIS_2曲線へと右方シフトすると、均衡が点E_1から点E_2へと右上に移り、均衡利子率はr_1からr_2へと上昇、均衡GDPはY_1からY_2へと増加することがわかる。

もし仮に利子率が変化しなければ、第5章でみたように、政府支出の増加によってその乗数倍のGDP増加が期待できる。**図8-6**におい

| 表8-1 | IS曲線とLM曲線 |

	IS曲線	LM曲線
定義	財市場の均衡： $Y = C(Y) + I(r) + G$	貨幣市場の均衡： $M = L(Y, r)$
シフトする要因	政府支出(財政政策)	貨幣供給(金融政策)

第8章　財市場と貨幣市場を同時に考える　087

図8-5 IS-LM曲線の均衡

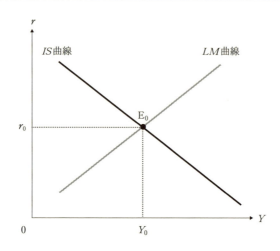

て、利子率が当初の水準r_1のままであれば、IS_2曲線への右方シフトにより、GDPはY_3まで増加することがわかる。しかし、この点はLM曲線上にないため、貨幣市場は均衡していない。GDPの増加により貨幣需要が増えたため、貨幣市場では超過需要となっているからである。貨幣供給量が一定のもと、貨幣市場が均衡するには、利子率がr_1からr_2へと上昇しなければならない。この利子率の上昇は投資減少につながることから、乗数効果による総需要の増加が抑制され、新しい均衡点E_2では、GDPの増加がY_2に限定される。このように、政府支出の増加が利子率を上昇させることで投資を減少させることを**クラウディング・アウト**と呼ぶ。英語で"crowd out"とは「押しのける」ことを意味し、総需要を増やすことを意図して政府は財政支出を増加させるが、これが民間投資を「押しのける」ことによって、総需要には一部負の効果が生じる結果となる。反対に、政府支出の引き締めが行われれば、IS曲線は左方にシフトし、均衡利子率は低下し、均衡GDPも減少する。

図8-6 財政政策の効果

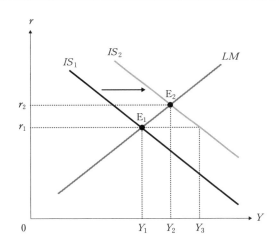

図8-7 金融政策の効果

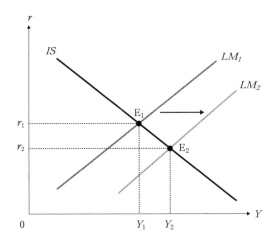

表8-2	*IS–LM*モデルにおける財政政策と金融政策の効果	
	財政政策： 財政支出の増加・減税	金融政策： 貨幣供給量の増加
GDP Y	増加	増加
利子率 r	上昇	低下

　一方、拡張的な金融政策を行えば、*LM*曲線が右方へシフトする。よって、**図8-7**に示すように、LM_1からLM_2へと右方シフトすれば、均衡点がE_1からE_2へと右下に移動する。結果として、均衡利子率はr_1からr_2に低下し、均衡GDPはY_1からY_2へとは増加する。他方、金融引き締め政策が実行されれば、*LM*曲線は左方にシフトし、利子率の上昇を伴いつつGDPが減少する。以上でみてきた*IS–LM*モデルにおける財政政策と金融政策の効果については、**表8-2**のようにまとめられる。

第 **9** 章

失業はどうして起こるのか
労働市場

は｜じ｜め｜に

　これまで財市場と貨幣市場について検討してきたが、本章では新たに労働市場に焦点を当てる。労働市場は経済全体の動向を把握する上で非常に重要な役割を果たす。第1章でみたように、企業が財・サービスを生産する際には労働サービスという生産要素が必要となる。この労働サービスを提供する家計（売り手）と必要とする企業（買い手）が出合い、労働サービスの量や賃金の水準が決定されるのが労働市場である。この市場では、ときに失業者の発生が問題となる。失業者の数は、経済活動の活発さと関連しており、景気が落ち込むと失業者数が増加する傾向にある。失業の発生要因、労働市場の特異な性質、そして日本特有の状況の理解は、マクロ経済の動きや政策の影響を把握するために必要不可欠である。

9-1　労働力とは何か：就業者と失業者

　労働市場分析の出発点として労働者数についてみていく。まず重要となるのが15歳以上人口（生産年齢人口）である。日本では労働基準法により15歳未満の児童の就労が原則禁じられているため、一般的

091

に生産活動に従事できるのは15歳以上となる。この15歳以上人口は、**労働力人口**と**非労働力人口**に分けられる。さらに労働力人口は、働く意思があり、そのうち仕事に就いている人々（**就業者**）と、仕事を探しているがまだ見つかっていない人々（**失業者**）に分けられる[†]。これらの人々が労働市場における労働供給の主体となる。一方、非労働力人口は、労働市場に参加していない15歳以上の人々を指し、学生、専業主婦（夫）、リタイアした高齢者などである。これらの区分を**表9-1**で示した。

　表9-2には、2022年における日本の労働力の数値を示した。15歳以上の総人口は約1億1,000万人で、そのうち労働力人口が約6900万人とおよそ63%を占めていることがわかる。この比率は労働力率と呼ばれ、就業可能な人口に対する労働市場への参加者の割合を示している。15歳以上の人口の残り約37%は非労働力人口である（**表9-2**の第3列を参照）。また労働力人口約6,900万人のうち、実際に雇用されている就業者数は約6,700万人で、これに対し失業者数は179万人であることが確認できる。

　失業率は、労働力人口に占める失業者数の割合である。この指標は

表9-1　労働力の区分

```
                        ┌ 労働力人口 ┌ 就業者
15歳以上人口 ┤            ┤
            │            └ 失業者
            └ 非労働力人口
```

[†]　総務省統計局が実施する労働力調査では、(1)「仕事についていない」、(2)「仕事があればすぐつくことができる」(3)「仕事を探す活動をしていた」の3条件を満たす者は完全失業者と呼ばれる。

表9-2	日本の労働力の数：2022年		
	人口（万人）	15歳以上人口に占める割合（%）	労働力人口に占める割合（%）
15歳以上人口	11,030	100	—
労働力人口	6,902	62.6	100
就業者	6,723	—	97.4
失業者	179	—	2.6
非労働力人口	4,128	37.4	—

出所：総務省統計局「労働力調査」

以下の式で定義される。

$$失業率 = \frac{失業者数}{労働力人口} \times 100$$

たとえば、**表9-2**にある2022年のデータを用いると、失業率は以下の式を用いて2.6%と計算できる。

$$2022年の失業率 = \frac{179（万人）}{6902（万人）} \times 100 = 2.6（\%）$$

この計算結果は**表9-2**の4列に記載されており、労働力人口約6900万人のうち、2.6%に相当する人々が働く意思があり求職活動中にもかかわらず、適切な仕事を見つけることができていないということである。

なぜ失業は問題なのだろうか。第1に、個々の家計という経済主体の観点から考えると、労働は所得を得る主要な手段であり、この所得によって家計は財を購入し、生活を支えている。就業機会がない場合、収入源を失い、生活が困難に陥る可能性がある。このように、ミクロ

経済的な観点からみて失業は望ましくない現象である。第2に、マクロ経済における資源配分の観点から問題となる。失業者の存在は、労働という資源が有効に活用されていない状態を示しており、経済全体の効率性の低下を意味する。これは、利用可能な資源が未使用または非効率的に使用されていることを示しており、国の総生産能力に影響を与える。したがって、失業は個々の家計だけでなく、経済全体にとっても深刻な問題であることがわかる。

9-2　失業率のデータをみる

　図9-1は日本とアメリカの失業率の推移を示している。1960年から2022年にかけての日本の失業率は、高度経済成長期に2%以下の低水準を記録していたが、1970年代の石油危機を経て上昇していった。その後、1980年代後半のバブル景気の時期には再び低下したものの、バブル崩壊後の1990年代に入ると失業率は着実に上昇し、2000年代に入ってからは5%を超える年もみられた。2020年には新型コロナウィルスのパンデミックが経済に影響を及ぼし、失業率は一時的に上昇するものの、比較的低い水準を保っている。

　アメリカの失業率は、日本と比較して高い傾向にあり、またその変動の幅も大きい。この違いは、2007年の世界金融危機や2020年のパンデミックの間に特に顕著であった。1990年から2000年の前半には、日本の失業率は上昇傾向にあったのに対し、アメリカでは低下していた。ただし、2000年代中盤以降、両国の失業率は変動の幅に違いはあれ、より連動する傾向を示している。

図9-1 ▶ 日本とアメリカの失業率の推移

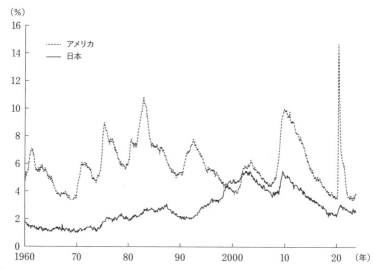

出所：Federal Reserve Economic Data

9-3 賃金の決まり方：労働市場の分析

　労働市場では、労働サービスが取引の対象となる。これは商品が取引される財市場と似ている。労働市場における価格は賃金である。ここでいう「賃金」は一般的に実質賃金を指す。**実質賃金**とは、労働者が実際に受け取る賃金の額である**名目賃金**を物価水準で調整したものであり、労働者の購買力、すなわち同じ労働量でどれだけの財やサービスを購入できるかを示す†。労働サービスの数量は労働者数や労働時間を指す。

　企業は財・サービスの生産に当たり労働を必要とするが、各実質賃金の水準において、企業が雇用したい労働サービス量の合計が労働需

要量であり、この関係を示すのが**労働需要曲線**である。実質賃金が高くなれば、企業が雇いたいと思う人数や働いてもらいたい時間は減り、労働需要量も減少する。これを縦軸に賃金（実質賃金w）、横軸に労働量Lをとったグラフで表すと、労働需要曲線は**図9-2**のように右下がりになる。一方、家計は労働サービスを提供するが、各実質賃金で、労働者である家計が働きたいサービス量の合計が労働供給量である。この関係を示すのが**労働供給曲線**である。実質賃金が上がれば、働きたい人あるいは時間が増え、供給量も増加する。これをグラフで描けば、労働供給曲線は**図9-3**のように右上がりとなる。最終的な賃金と労働サービス量は、労働需要と労働供給の曲線が交わる点で決まる。この労働市場における均衡が**図9-4**に示されており、点Eにおいて均衡となる実質賃金w_0と労働量L_0が決まる。

これまでは、賃金以外の要因は一定として、労働需要曲線と労働供給曲線を導出してきた。しかし、実際には賃金以外の要因の変化も労働需要や労働供給に影響を与え、これらの曲線をシフトさせる。たとえば、景気拡大や新技術の導入が起こると、企業は各賃金の水準においてより多くの労働を必要とするため、労働需要曲線は右方にシフトする。**図9-5** ①ではこの状況が示されており（労働需要曲線D_1からD_2への右方シフト）、その結果、**図9-5** ②に示したように、シフトした労働需要曲線と労働供給曲線の交点である均衡点においては、賃金がw_1からw_2へと上昇し、実際に雇用される労働量がL_1からL_2へと増加することがわかる。

一方、外国人労働者の受け入れの拡大、退職年齢の延長、そして

---

† 名目賃金が時給1500円、おにぎり一個の価格が150円の場合、実質賃金は1500円/150円で10おにぎり分となる。しかし、名目賃金が1600円に上がり、おにぎりの価格も200円に上昇した場合、実質賃金は1600円/200円で8おにぎり分となり、実質賃金が下がる。この例から、名目賃金の上昇率が物価上昇率を下回ると、実質賃金すなわち購買力は低下することがわかる。

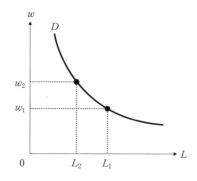

図9-2 ▶ 労働需要曲線

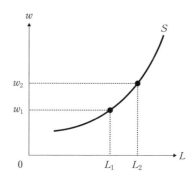

図9-3 ▶ 労働供給曲線

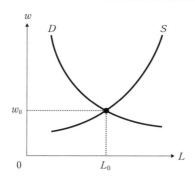

図9-4 ▶ 賃金と労働サービスの決まり方

女性にとって働きやすい労働環境の整備などが進められると、家計は各賃金水準でより多くの労働を提供するようになる。これらの要因は、労働供給曲線を**図9-6** ①にあるようにS_1からS_2へと右方シフトさせる。この結果、**図9-6** ②に示されている新しい均衡点では、労働量がL_1からL_2へと増加し、賃金がw_1からw_2へと下落することになる。

図9-5 労働需要曲線のシフト

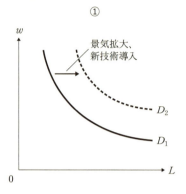
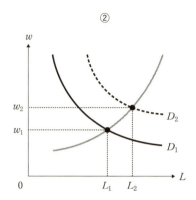

図9-6 労働供給曲線のシフト

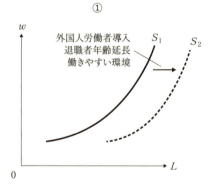
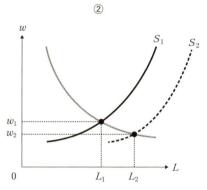

9-4 失業はなぜ発生するのか

　さて、**図9-1**の失業率の推移からは、失業率が決してゼロにならないこともわかる。なぜ失業率は0%にならず、つねに存在するのだ

ろうか。このことを労働市場のモデルを用いて考えてみよう。**図9-4**では、均衡となる実質賃金w_0のもとで労働需要量と労働供給量は等しくなっている。これは、賃金w_0で働きたい全ての労働者が仕事を得られる状態を意味している。現行の賃金w_0では働きたくないという自発的な選択の結果として仕事に就いていない者は存在するが、賃金w_0で働く意志がありながらも仕事が見つからない**非自発的失業者**は、理論上存在しないことになる。この状態を**完全雇用**と呼び、労働が完全雇用の水準にあるときに一国で生産されるGDPを**完全雇用GDP**と呼ぶ。

　しかし、現実には以下のような要因から非自発的失業が存在する。いま、最低賃金を定める法律により、賃金がこの均衡を下回らないように最低水準で固定されている状況を考えてみよう。このように、市場で成立する賃金が労働市場を均衡させる賃金を上回る水準で固定されている状態を**賃金の硬直性**と呼ぶ。**図9-7**に示されるように、賃金の硬直性により市場で成立する賃金$\bar{w}$が市場均衡の水準であるw_0より高いときには、労働供給量L_2が労働需要量L_1を上回るため、労働の超過供給、すなわち失業が発生することになる。

　このような何らかの構造的な理由によって賃金が硬直的なことが原因となり、労働供給量が労働需要量を上回ることで生じる失業を**構造的失業**という。最低賃金以外にも、賃金の硬直性の要因としては、労働組合の存在や、団体交渉によって市場均衡より高い水準で賃金が設定されること、また、企業が労働者の生産性を高めるために市場均衡より高い賃金を支払う場合（これを**効率賃金仮説**という[†]）などがある。これらの要因により、賃金が市場の供給と需要にもとづく均衡価格よりも高く設定されると、それが失業の一因となることがある。

[†] 効率賃金仮説は、スティグリッツ（J.E. Stiglitz）やアカロフ（G.A. Akerlof）らによって1980年代に提唱された。

第9章　失業はどうして起こるのか　099

図9-7 賃金の硬直性と失業

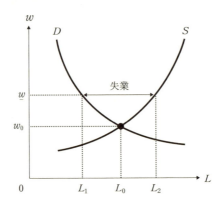

　実際の労働市場では、さまざまな**摩擦**が失業の原因となることもある。ここでいう摩擦とは、求職者と求人の間のスムーズなマッチングを阻害したり、ミスマッチを生じさせたりする要因を指す。たとえば、別のアルバイトを探している大学生とアルバイトを募集している企業が多数存在していても、学生と企業がすぐにマッチングするわけではない。大学生は、応募可能なアルバイトを探し、履歴書の準備や面接に時間がかかる。このような労働者が新しい職を探す過程をジョブ・サーチといい、それに関わる金銭的および時間的コストを**サーチ・コスト**という。就職・転職活動においてはこのジョブ・サーチによるコストは増加すると考えられる。同様に、企業側も求人広告の掲示や採用プロセスに時間を要する。結果として、**図9-4**のケースとは異なり、均衡において、就職先を探す一定の失業者がつねに存在することとなる。このように、求職者と求人の間でスムーズなマッチングを阻害する摩擦が存在することから生じる失業を**摩擦的失業**という。この摩擦的失業を説明するための理論は**サーチ理論**と呼ばれる。これを用いた失業に関する理論的分析の貢献は、ダイアモンド（P.A. Diamond）

らによってもたらされた。その研究は、労働市場の摩擦、特にジョブ・サーチとマッチングのプロセスがどのようにして失業につながり、それらが経済政策からどのように影響を受けるかを考察している。

9-5 失業への対策：マクロとミクロのアプローチ

　これまでみてきたように失業はさまざまな原因によって引き起こされるため、失業への対策には多角的なアプローチが必要とされる。最初に考慮すべきは総需要政策である。総需要が完全雇用に必要なGDPを下回る場合、需要不足による深刻な失業が生じることがある。総需要を十分な水準で安定させ、適切な労働需要を確保することは、完全雇用を達成するための基本的なステップである。総需要の調整は、第8章で検討したように主に財政政策と金融政策を用いたマクロ経済政策によって行われる。需要が不足している場合、政府には財政政策（政府支出の増加や減税など）や金融緩和政策を通じて総需要を増加させることが求められる。政府支出増の増加や、金融緩和による金利の低下に伴う投資の増加は、総需要の拡大を引き起こし、これが生産や所得の増加につながり、結果として雇用の創出が期待される。

　しかし、総需要政策だけでは摩擦的失業や構造的失業に十分に対処できないことがある。そのため、失業の原因を解消し、市場の効率化を促進するミクロ的な雇用政策が重要となる。たとえば、職業紹介や職業指導、教育・訓練プログラム、賃金や労働の移動性の改善などが考えられる。これらの対策は、失業問題の解決に重要な役割を果たす。

第9章　失業はどうして起こるのか　　101

9-6 日本の労働市場はどうなっているのか

　本節では、日本の労働市場の特徴とその変化を簡単に解説する。
日本の労働市場は長らく独特のシステムによって特徴づけられていた。
これには終身雇用制（新卒者を定年まで同じ企業で雇用する制度）、年功序
列賃金（勤続年数が長いほど給料と地位が上がる制度）、企業別労働組合（欧
米の産業別・職能別組合と異なる形式の団体）などがある。こうした制度は
戦後期に発展し、日本経済の成長にも寄与した。

　しかし、1990年代のバブル経済の崩壊後、これらの制度に変化が
みられるようになった。不況の影響から、多くの企業が労働者を解雇
するリストラを進め、中途採用を増やすなど、終身雇用制の基盤が揺
らいだ。また、職務給や能力給をもとにした新しい賃金体系を導入す
る企業も現れ、従来の年功序列賃金制度に変化が生じた。

　この時期には、正規雇用の減少と非正規雇用の増加という傾向も
みられた。この傾向により労働者の職場に対する帰属意識が弱まり、
労働組合の組織率は低下した。また、正規雇用者と非正規雇用者間の
賃金格差が拡大し、フルタイムで働いても生計を立てることが困難な
ワーキングプアの問題が深刻化している。さらに、現代の労働市場は
少子高齢化による労働力人口の減少という新たな課題に直面しており、
この労働市場の不安定さと人口動態の変化は、高齢者の再雇用や若年
層への就労支援の必要性を高めている[†]。また、女性や外国人労働者
の労働条件の問題も重要な政策課題である。これらの問題に効果的に
対応するためには、政府や企業からの積極的な取り組みが求められて
いる。

[†]　日本の少子高齢化の現状については第14章4節で取り扱う。

第10章

マクロ経済の全体像をみる
*AD-AS*分析

は｜じ｜め｜に

　第8章で学んだ*IS-LM*分析は、GDPと利子率の関係を描写したものであり、物価の変動を明示的に考えていなかった。しかし、現実の経済では、GDPと同様に物価水準もつねに変化する。この章では、GDPの変化に加えて物価の変動も扱うことのできる総需要・総供給分析について説明する。まず、財市場と貨幣市場の均衡から総需要曲線を導出し、次に企業の生産決定にもとづいて総供給曲線を導出する。この総需要曲線と総供給曲線を組み合わせて、GDPと物価水準が同時に決定されることを示す。最後に、このモデルを用いて完全雇用下および不完全雇用下における経済政策の効果を分析する。

10-1　物価と総需要：*AD*曲線

　総需要曲線は、財市場と貨幣市場を同時に均衡させる物価水準とGDPの関係を表すものである。これは第8章で学んだ*IS-LM*分析から導くことができる。重要なのは、物価の変動が*LM*曲線をシフトさせることにある。*IS-LM*分析では、物価を一定として考えていたため、実質変数と名目変数を区別していなかったが、第7章3節でみ

103

たように、物価水準の変化は貨幣需要に影響を及ぼす。具体的には、物価 P が低下すると、実質でみた貨幣供給 (M/P) が増加することになる。これは第8章で考察した、拡張的な金融政策により貨幣供給が増加するケースと同じであると解釈できる。したがって、**図8-7**に示した LM 曲線の右方シフトが物価の低下によって引き起こされたものとすれば、結果として利子率は低下し、GDPは増加することがわかる。すなわち、物価が下がるとGDPは増加することから、両者の間には負の関係があることが導かれる。

この関係を、縦軸に物価水準 P、横軸にGDP Y をとった平面に図示すれば、**図10-1**のように、右下がりの**総需要曲線**（Aggregate Demand curve、AD 曲線）が描ける。総需要曲線の導出に際しては、政府支出 G や名目の貨幣供給量 M は一定と仮定する。

図10-2は、G や M が変化した場合を示したものである。拡張的な財政・金融政策によりこれらが増加すれば、各物価水準においてGDPは増加するため、総需要曲線は AD_0 から AD_1 へと右方にシフトする。反対に、緊縮的な経済政策により政府支出や貨幣供給量が減少すれば、各物価水準におけるGDPも減少するため、総需要曲線は

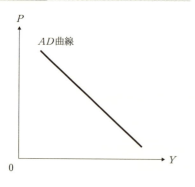

図10-1 総需要曲線

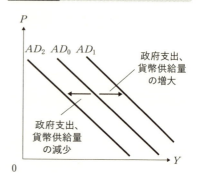

図10-2 総需要曲線のシフト

AD_2へと左方にシフトする。

10-2　物価と総供給：AS曲線

　総供給曲線は、企業の生産量の総和としての GDP と物価水準の関係を表すものである。各企業は、生産要素として労働と資本を投入し、利潤の最大化を図る。資本の水準が固定されている場合、投入する労働量を調整することになる。いま、名目賃金 W は労働者と企業の契約で一定期間固定されていると仮定する。このように名目賃金が硬直的である状況で物価 P が上昇すると、実質賃金（W/P）は低下し、企業にとって労働コストも低下するため、企業はより多くの労働を雇用する。実質賃金が下がれば労働需要が増加することは、第9章で学んだ労働需要曲線からもわかる。労働量が増加すれば、各企業の生産量が増加し、結果として GDP も増加することになる。まとめると、物価の上昇は GDP の増加につながること、すなわち物価と GDP の間には正の関係があることが導かれる。この関係を、縦軸に物価水準 P、横軸に GDP Y を取った平面に図示すれば、**図10-3**のように右上がりの**総供給曲線**（Aggregate Supply curve、AS曲線）となる。

　総供給曲線の導出に際しては、企業が保有する資本設備や技術水準は一定と仮定されている。したがって、資本設備の増大や技術水準の上昇が起これば、物価が一定でも企業はこれまでより多くの財の生産をできるようになるため、**図10-4**に示すように、総供給曲線は AS_0 から AS_1 へと右方にシフトする。反対に、資本設備の減少や技術水準の低下が起これば、各物価水準に対して生産量が減少するため、総供給曲線は AS_0 から AS_2 へと左方にシフトする。また、環境の変化によって原材料や資源の価格が下がれば、総供給曲線は右方にシフトする。逆に、自然災害や国際紛争などによって石油や資源の価格が

第10章　マクロ経済の全体像をみる　105

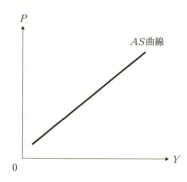

図10-3 総供給曲線

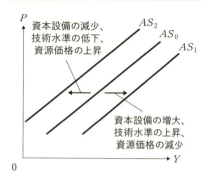

図10-4 総供給曲線のシフト

上昇すれば、総供給曲線は左方にシフトする。

10-3 AD-ASモデルの使い方

　このようにして導かれた右下がりの総需要曲線と右上がりの総供給曲線を同一平面上に図示すると、**図10-5**のように、点E_0で両曲線は交わり、均衡の物価水準とGDPはそれぞれP_0とY_0に決まる。この点E_0では、財市場と貨幣市場は均衡し、企業の利潤は最大となっている。

　政府や中央銀行は、GDPや物価の変動に着目して、財政・金融政策を立案している。その効果をこのモデルを用いて考えてみる。第10章1節で説明したように、拡張的な財政・金融政策によって、総需要曲線はAD_1からAD_2へと右方にシフトする。この状況が**図10-6**に描かれている。総需要曲線はAD_1からAD_2へと右方にシフトすることで、均衡はE_1から新しい交点E_2へと右上に移り、物価水準はP_1からP_2へと上昇し、均衡GDPはY_1からY_2へと増加する。反対に、緊縮的な財政・金融政策によって総需要曲線が左方にシフトすれば、

図10-5 総需要・総供給曲線

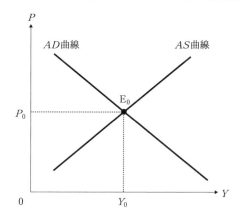

図10-6 総需要曲線のシフトが物価とGDPに及ぼす影響

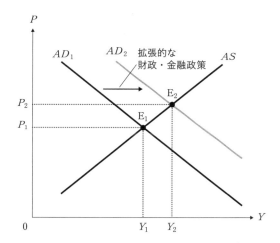

物価水準は低下し、GDPは減少する。

　同様に、総供給曲線のシフトも物価とGDPを変化させる。資本設備の減少や技術水準の低下、生産費の上昇が起これば、総供給曲線は

図10-7 ▶ 総供給曲線のシフトが物価とGDPに及ぼす影響

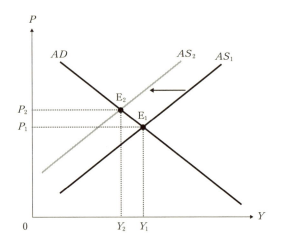

左方にシフトする。この状況は**図10-7**に描かれる。総供給曲線がAS_1からAS_2へと左方シフトすることにより、均衡物価水準はP_1からP_2へと上昇し、均衡GDPはY_1からY_2へ減少する。反対に、資本設備の増加や技術革新、生産費用の減少が生じれば、総供給曲線は右方にシフトし、物価水準は下落し、GDPは上昇する。

このように、政府支出の増加や貨幣供給の増加による総需要の変動や、資本や技術進歩などによる総供給の変動、さらにはそれらの相互作用によって、物価水準は変化する。このため、**ディマンド・サイド**（総需要側）か**サプライ・サイド**（総供給側）のいずれかに力点をおくかによって経済政策を分類することができる。ディマンド・サイドに目を向け、消費、投資、政府支出を大きくすることで総需要を増やし、景気を上向かせるのが総需要政策である。他方、サプライ・サイドに目を向け、資本、労働、土地、技術進歩などを用いて企業の生産効率を高めるのがサプライ・サイド政策である。

10-4 不完全雇用と完全雇用のAD-ASモデル

物価の上昇に伴い、企業が労働者を雇用することで生産を拡大できる限り、総供給曲線はこれまでみてきたように右上がりになる。しかし、労働時間や労働者数には限りがあるため、物価水準がいくら上昇しても、第9章4節で説明した完全雇用GDPの水準以上にGDPを増加させることはできない。したがって、完全雇用が達成されれば総供給曲線は垂直になる。この状況は**図10-8**に示され、完全雇用GDP Y_f が実現するまでは総供給曲線は右上がりとなり、実現後は垂直となっている。

図10-8を用いて経済政策の効果を分析しよう。総供給曲線が右上がりとなる不完全雇用下では、拡張的な経済政策により総需要曲線が AD_1 から AD_2 へと右方シフトすると、均衡物価が P_1 から P_2 へと上昇しつつ、均衡GDPが Y_1 から Y_f に増加する。したがって経済政策

図10-8 ▶ 不完全雇用と完全雇用のAD-ASモデル

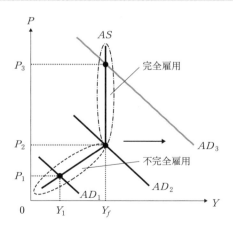

第10章 マクロ経済の全体像をみる　109

図10-9 総供給曲線のシフトと完全雇用GDPの増加

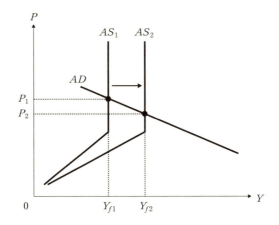

は有効である。しかし、完全雇用GDP Y_f が実現すれば、総需要曲線を AD_2 から AD_3 へとさらに右方にシフトさせたとしても、GDPはそれ以上増大せず、P_2 から P_3 へと物価上昇を引き起こすだけで、経済政策は無効となる。

このケースにおいて有効なのは、完全雇用GDPの水準自体を増加させるようなサプライ・サイド政策である。資本の増加や技術進歩によって、**図10-9**に示すように総供給曲線が AS_1 から AS_2 へと右方シフトすれば、完全雇用GDPが Y_{f1} から Y_{f2} に増える。この場合、均衡の物価水準が P_1 から P_2 へと下落すると同時に、均衡GDPが Y_{f1} から Y_{f2} へ増加することになる。

第**11**章

インフレとデフレ

は｜じ｜め｜に

　インフレーションやデフレーションは、私たちの生活に大きな影響を与える。たとえば、近年では食料品やガソリンといった生活必需品が値上がりし、物価水準の上昇で生活費の負担が増している。この章では、これまで学んだ物価指数と総需要・総供給分析を用いて、なぜインフレーションやデフレーションといった物価変動が生じるのかを明らかにし、そのメリットおよびデメリットについて考察する。また、第9章で学んだ労働市場と物価の関係について、フィリップス曲線を用いて説明する。

11-1　インフレやデフレはなぜ発生するのか

　個々の財・サービスの価格の上昇だけではなく、一般物価水準の上昇を**インフレーション**（インフレ）という。逆に、一般物価水準の下落を**デフレーション**（デフレ）という。一般物価水準を測る代表的な指数としては、第2章5節で扱った消費者物価指数、企業物価指数、GDPデフレータなどがある。たとえば、2024年1月の消費者物価指数は、2020年1月を100とすると、変動の大きい生鮮食品を除く総合指数が

106.9である。2023年1月の消費者物価指数は、104.7であるため前年同月比で2.2%上昇している[†]。2020年1月と比べれば、6.9%の物価上昇率である。このように近年の日本はインフレの傾向にある。

　第2次世界大戦後の日本経済では、長らくインフレが一般的であった。1960年代前半の高度経済成長期にみられたような持続的なインフレもあれば、1973年の石油危機などによる急激なインフレもあった。しかし、バブルが崩壊した後の1990年代後半からは一転してデフレに陥った。日本銀行は、デフレを止めるために、政策金利をゼロに近い状態にまで引き下げ、大胆な金融政策を採用してきたことは第7章ですでにみたとおりである。近年では、エネルギー価格の高騰や新型コロナウィルスによるパンデミック、ロシアによるウクライナ侵攻の影響などによって、世界的にインフレが生じている。日本銀行も世界の多くの中央銀行と同様に、インフレ抑制を図っている。

　このようなインフレやデフレの発生メカニズムについて、総需要・総供給分析を用いて考察しよう。一般的に、景気がよくなれば消費者の所得が増大し、財・サービスの売れ行きがよくなるため、物価が上昇するインフレ傾向となる。前章の**図10-6**でみたように、総供給曲線がASのとき、総需要の増加により総需要曲線がAD_1からAD_2までシフトすれば、物価がP_1からP_2まで上昇する。このように、総需要の増加によって物価が上昇することを**ディマンド・プル・インフレ**と呼ぶ。逆に、不景気になれば財・サービスの売れ行きが悪くなるため、物価が下落するデフレ傾向となる。これは総需要曲線の左方シフトにより説明される。また、デフレが深刻化し長期化すれば、物価の

[†]　年間のインフレ率は、$\dfrac{今年の物価指数 - 昨年の物価指数}{昨年の物価指数}$によって求めることができる。昨年の物価指数が100、今年の物価指数が104であれば、インフレ率は$\dfrac{104 - 100}{100} = 0.04 = 4\%$となる。

下落が売上や所得の減少をもたらし、総需要を縮小させることから、さらに一層の物価下落を招くという**デフレ・スパイラル**が生じることもある。2000年代の日本においては、国民や企業の間にデフレ予想が定着し、物価だけでなく、賃金や雇用にも悪影響を及ぼす状態が生じた。

　一方、原材料費の高騰など生産費用の増加が引き起こすインフレを**コストプッシュ・インフレ**という。前章の**図10-7**が示すように、総需要曲線がADのとき、総供給曲線がAS_1からAS_2に左方シフトすることによって、物価がP_1からP_2まで上昇する状況である。このとき、GDPがY_1からY_2へと減少している点にも注意が必要である。すなわち、インフレとGDPの減少が同時に発生している。次節で詳しく述べるように、物価は大きく変動せず安定している方が望ましい。マクロ経済政策の課題は、インフレを抑制しつつGDPを成長させ、失業率を低く保つことであるが、財政出動や金融政策を行っているにもかかわらず、景気が一向に改善せず、むしろインフレが伴う特殊な状況が発生することがある。これをスタグフレーションと呼ぶ。**スタグフレーション**は、「停滞」を表す"stagnation"とインフレーション"inflation"を合わせた造語であり、インフレの進行の一方でGDPが減少するという経済状況を指す。1973年の石油危機における日本経済は、その典型的な例として知られる。

　貨幣供給量が増大すれば、物価が上昇するケースもある。たとえば、ソヴィエト連邦が崩壊し社会主義経済から市場経済へ移行するロシアや、また第1次世界大戦後に莫大な賠償金を抱えるドイツにおいて、中央銀行が貨幣供給量を増大させたことで、制御不可能な激しいインフレーションが生じた。このようなインフレを**ハイパー・インフレーション**という。

11-2 インフレやデフレの影響：メリットとデメリット

　物価は、上がりすぎても下がりすぎても、私たちの生活に悪影響を与える。インフレにより家計が購入する財の価格一般が上昇すれば、人々の生活が苦しくなる。反対に、デフレに伴い賃金や企業の収益が減少すれば、景気は悪化する。本節ではインフレとデフレのメリットとデメリットについて考えてみよう。

　まず、インフレからとり上げよう。インフレは、貨幣の実質的な価値を低下させる。モノの値段が上昇すれば、現金や預金で購入できる商品量が減少し、その購買力が下がるからである。同様に、預貯金の利子や年金に頼る人々にとっては、それらの価値が実質的に目減りする。労働者にとっては、名目賃金が上昇しなければ実質賃金が低下することになる。このような貨幣価値の低下を防ぐため、インフレ時に値上がりする不動産や株式に投資することで、**インフレ・ヘッジ**（インフレによる貨幣などの保有資産の目減りを回避する行動）が行われることもある。

　一方、インフレは、貨幣の価値を下げるため債務者にとっては実質的な負担が減少する。これにより、インフレが起こると借金の返済負担が軽くなる債務者は利益を得るが、反対に債権者は損をすることになる。つまり、債権者から債務者への所得移転が生じる。日本のように巨額の負債を抱える政府の場合、インフレが発生すると政府債務の実質額が目減りし、債権者である民間部門から政府への富の移転が生じるため、インフレ税と呼ばれる効果が発生する。過去の歴史をみれば、日本もドイツも戦時中の膨大な戦費調達のための政府債務が、ハイパー・インフレーションによって消滅した経験がある。また民間部門では、借金を多く抱える企業や、住宅ローン、奨学金を借りている家計では、借金の実質価値が減少する。

　インフレはまた、価格構造の歪みや資源配分への影響により、社

会的コストを生じさせる。第1に、食品などの生活必需品の価格はインフレとともに迅速に上昇する一方で、電気料金やガス料金などの公共料金や賃金はすぐには調整されない。そのため、財の間の相対価格に歪みが生じる。第2に、インフレ下では商品の価格改定作業ためのコスト、いわゆる**メニュー・コスト**が発生する。第3に、インフレによって税制に歪みが生じる。たとえば、インフレと同じだけ名目所得が上昇した場合、その実質額は変わらないにもかかわらず累進課税制度のもとでは税額が増加する。

　次にデフレをみていこう。物価が下がると貨幣の実質的な価値は上昇し、消費者は財・サービスを安く買えるようになるため、デフレは一見よいことのように思われるかもしれない。しかし企業に目を向けると、財・サービスの価格が下がることで売上が減少するため、収益が減少する。結果として、労働者の所得も減少することになる。さらに、デフレにより債務の実質的な負担も増えるため、企業の財務状況が悪化する。また、実質金利の上昇により投資が控えられ、総需要が減少する[†]。名目賃金が硬直的な場合、企業はコスト削減のために賃金を下げることが難しく、人員削減や雇い止めを選ぶ。その結果、失業率が上昇する可能性がある。こうした所得の減少や雇用不安は家計の消費意欲を低下させる。加えて、デフレ下では、消費者は物価のさらなる下落を期待して支出を先延ばしにする傾向が強まり、これも総需要の減少を引き起こす。このようにデフレは経済全体に悪循環をもたらし、景気低迷を長期化させる要因となる。

　巨額の債務を抱える日本政府にとっても、デフレによる債務の実質的な増大は深刻な影響をもたらす。デフレが発生すれば、これまでに発行された国債の実質価値が高くなり、債務の負担は増加する。たとえ政府が税収を増やして債務を減らそうと考えても、デフレ下では

[†]　実質利子率については第6章コラム「フィッシャー効果」を参照せよ。

| 表11-1 | インフレとデフレの影響 | | | |

	物価水準	貨幣の価値	債務負担	有利に働く経済主体
インフレ	上昇	減少	減少	不動産や株の保有者
デフレ	下落	上昇	増大	現金、預金の保有者

企業の売上や個人の所得が減少することで名目の税収は減少するため、財政運営はさらに厳しくなる。このようなインフレとデフレがもたらす経済への影響を整理すると、**表11-1**のようになる。

11-3　失業とインフレの関係：フィリップス曲線

インフレ率は、第9章で取り扱った失業率との間に負の関係が存在することが知られている。この関係を図示したものは、その提唱者であるフィリップス（A.W. Philipps）の名にちなんで、**フィリップス曲線**と呼ばれる。

図11-1に示すように、1976年から2023年までの日本のインフレ率と失業率のデータをみてみると、強い負の相関が認められる。この関係を示す図中の曲線がフィリップス曲線であり、右下がりとなっている。この負の関係は以下のように説明できる。経済が活性化し、労働市場も活況を呈して失業率が低下すると、求人数に対する労働者の数が不足する。すなわち労働の超過需要が発生するため、企業は労働者を引きつけるために賃金を上げようとし、賃金に上昇圧力が加わる。それにより、企業は人件費という生産コストの増加分を製品価格に転嫁しようとする。この結果、物価が上昇し、インフレにつながる。その一方で、経済活動の勢いが弱まると失業率が上昇し、物価上昇の

図11-1 フィリップス曲線

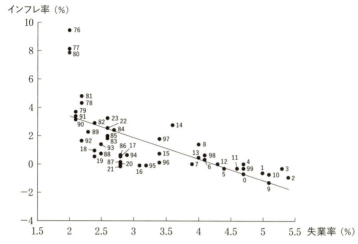

出所：総務省統計局 e-Stat「消費者物価指数」「労働力調査」

ペースも落ち着く傾向にある。1958年にフィリップスが提唱したのは、イギリスの経済データを分析することによって、賃金率と失業率との間に負の関係があることであった。その後、賃金が上昇するとインフレにつながる傾向にあることから、賃金率の変動だけでなく、インフレ率と失業率の関係にも焦点が当てられるようになった。

このようにフィリップス曲線は、政策立案者が直面するトレード・オフを示しており、インフレを抑制しようとすると高失業率に直面し、低失業率を目指せば結果として高インフレになる可能性があることを示唆している。社会的にみれば、低い失業率と低い安定したインフレ率が好ましいが、このフィリップス曲線によれば、これら2つの目標の両立は難しく、経済政策の立案においては経済の動向を正確に理解し、適切なバランスをとることが求められることになる。

世界大恐慌による高失業率の経験からまだ30年ほどしか経過していなかった1960年代には、インフレをある程度許容してでも低失業

第11章 インフレとデフレ 117

率を目指す政策が採用されていた。しかしその後、インフレを容認しても、失業率は**自然失業率**と呼ばれる安定した水準に収束し、長期的にはそれ以下に下げられないことが明らかになったため、現在ではそのような政策は一般的に支持されていない。現代の経済政策では、インフレと失業の両面を適切に管理することが重視されている。

第12章

開放経済を分析する
為替レートと国際収支

は|じ|め|に

　*IS-LM*分析は、モノとお金の海外との行き来が捨象された国内だけのモデルだった。この章ではモノとお金の流れが海外に開かれた経済である開放経済について、経済政策の効果などを考察・分析する。海外とのモノの流れは国際貿易と呼ばれ、お金、つまり資金の流れは国際金融と呼ばれる。この章では国際貿易、国際金融を取り入れたマクロ経済学を学ぶ。

12-1　為替レートと国際収支表

　外国為替レートとは異なる通貨の交換比率のことである。たとえば、1ドル＝130円というレートは、ドルと円の交換比率が1：130ということを意味している。このように外貨1単位が自国通貨どれだけに値するかを示す為替レートの表し方を「自国通貨建て（邦貨建て）」と呼ぶ。為替レートの意味自体は簡単であるが、その経済への影響は大きく多方面に及ぶ。

　為替レート制度は次の2つに分けられる。

・**固定相場制**　政策的に為替レートを一定に保つ。

119

・変動相場制 為替市場の需要と供給に為替レートの決定を任せる。
そのため、為替レートは日々、変動する。

　外国為替市場では、異なる通貨の交換がなされるのだが、だれが
そこに参加しているのだろうか。いい換えれば、だれが自国の通貨を
売って外国の通貨を買おうとしているのだろうか、また、だれが外国
の通貨を売って自国の通貨を買おうとしているのだろうか。

　輸入業者は、輸入した代金を海外へ支払うために自国の通貨を外
国の通貨に交換する必要がある。たとえば、日本の石油会社は輸入す
る石油の代金をドルで支払うので、国内の販売で得た資金をドルに交
換する。また、輸出業者は、海外で得た代金を国内で労働者の賃金や、
材料・部品の納入業者の代金の支払いのために自国の通貨に交換する
必要がある。たとえば、自動車会社は輸出によって海外でドルを得る
が、それを国内の支払いのために円に交換する。海外へ出かける旅行
者や海外からくる旅行者も通貨を交換する。しかし、現在ではこのよ
うな通貨交換の必要からなされる取引ではなく、為替レートの変動に
よって生じる差益を目的とした**投機取引**が多くなっている。現在では
投機取引が外国為替取引のかなりの部分を占める。

　国際収支表は海外との資金の流れをまとめたものである。2014年
に改訂された国際収支表では海外との資金の流れがその目的によって
次のように分類されている。

(1) **貿易・サービス収支**は貿易収支とサービス収支を合わせたもので
ある。貿易収支は、海外と自国の商品の取引、つまり、貿易による代
金の支払いに伴う資金の流れである。輸出はこれを黒字方向に、輸入
はこれを赤字方向にむける。サービス収支は、商品の移動を伴わない
サービスの取引による代金の支払いによる資金の流れである。たとえ
ば、国際貨物代金、旅客運賃、保険代金などの受け取り・支払いがこ
れに該当する。また、海外旅行による支払い、たとえば海外旅行の際
の現地での飲食・宿泊代金などの支払いもサービス収支に分類される。

(2) **第1次所得収支**は海外に持つ会社からの自国への利益の送金と海外の居住者が自国に持つ会社の利益の送金の差額を示している。自国の企業が海外に多くの工場、子会社を持ちそこから多くの利益の送金があれば黒字に、反対に、自国内に海外の企業が多くの工場、子会社を持ちそこから多くの利益が海外に送金されれば赤字となる。

(3) **第2次所得収支**は無償援助などに伴う資金の移動を示す。海外への援助はこれを赤字方向へ、海外からの援助は黒字方向にむける。

　(1)、(2)、(3) を合わせて**経常収支**と呼ぶ。

(4) **資本移転等収支**は政府が対外援助のかたちで相手国に対して行う資本財の援助 (たとえばインフラ整備) などによる資金の移動を示している。

(5) **金融収支**は資産の売買に伴う資金の流れを示している。ただし、国際収支表では次のような関係があるので注意する必要がある。

　金融収支＝居住者の海外資産の増加－非居住者の国内資産の増加

　(1) から (4) の項目と異なり、海外の資産への投資のために自国から海外へ資金が流れていくと黒字方向に、その逆は赤字方向に動く。金融収支は次の3項目に分かれている。

- **直接投資**：高い利潤を求めて海外での企業の直接の経営に当たるための資金の移動。
- **証券投資**：国債・社債などの債券の購入、配当を求めた株式の購入などによる資金の移動。
- **外貨準備の増減**：公的機関 (政府＋中央銀行) の保有する外貨建て資産の移動。

　海外での工場建設のために日本から現地に送金をする場合は直接投資に分類される。また、株式の購入でも経営支配権を得るような場合には直接投資に分類される。

　証券投資は、債券や株式など売買が容易であり、金融状況の変化

第12章　開放経済を分析する　121

| 表12-1 | 日本の国際収支表 |

年次	経常収支				
	計	貿易・サービス収支			
			貿易収支		
				輸出	輸入
2010年注 （平成22年）	193,828	68,571	95,160	643,914	548,754
2015年 （平成27年）	165,194	− 28,169	− 8,862	752,742	761,604
2019年 （令和元年）	192,513	− 9,318	1,503	757,753	756,250
2020年 （令和2年）	159,917	− 8,773	27,779	672,629	644,851
2021年 （令和3年）	215,363	− 24,834	17,623	823,526	805,903
2022年 （令和4年）	115,466	− 211,638	− 157,436	987,688	1,145,124

注：平成22年の計数は、国際収支マニュアル第5版準拠統計を第6版の基準により組み替えたもの。
資料：財務省「国際収支状況」

により大量の資金がすばやく移動する。一方、企業経営の利潤は対象
地域の生産コストや生産された財への需要といった経済の基礎的な要
素に依存し、また、工場や子会社の売買には時間が必要なために、直
接投資は金融状況の変化に対して証券投資ほどすばやい資金の移動は
みられない。

　表12-1は最近の日本の国際収支の推移を示している。日本の貿易
収支は1960年代半ばから2010年代初頭まで長く黒字を続け、ときお
り、その大幅な黒字は国際的に問題となった。しかし、2010年代に
入るとその黒字は急速に縮小し、しばしば赤字になる年もあった。一
方、サービス収支は以前から赤字が続いている。近年は海外からのイ
ンバウンド観光客の増加でその赤字は一度減少し始めたが、2020年

（単位：億円）

サービス収支	第1次所得収支	第2次所得収支	資本移転等収支	金融収支	誤差脱漏
−26,588	136,173	−10,917	−4,341	217,099	27,612
−19,307	213,032	−19,669	−2,714	218,764	56,283
−10,821	215,531	−13,700	−4,131	248,624	60,242
−36,552	194,387	−25,697	−2,072	141,251	−16,594
−42,457	263,788	−23,591	−4,232	168,376	−42,755
−54,202	351,857	−24,753	−1,144	64,922	−49,400

以降はコロナウィルスの世界的感染拡大によってインバウンド観光客が急減し、その赤字減少に歯止めがかかるようになった。日本企業は海外に工場の建設、子会社の設立を長く続けてきたために、そこから日本に送られる利益は増加を続け、第一次所得収支の黒字は傾向的に増加している。第2次所得収支や資本移転等収支の赤字は、日本が多額の対外援助を行ってきたことに対応している。金融収支は黒字を続けているが、これは日本国内の居住者や企業が海外に持つ資産が継続的に増加していることを意味している。

第12章　開放経済を分析する　123

12-2 為替レートはどうやって決まる?

　変動相場制のもとでは為替レートは日々大きく変動するが、それには次のようなさまざま要因が影響していると考えられる。

・利子率の影響　金融政策の変更により国内の利子率が大きく下がる、あるいは、海外の利子率が引き上げられることで、自国の利子率が海外の利子率よりも低くなったとしよう。すると、機関投資家[†]などは、より有利な資産運用のために利子率の低い自国の債券を売りその代わりに利子率の高い海外の債券を求めるであろう。まず自国の債券を売却し、受け取った自国通貨を外国為替市場で外国通貨に交換して海外の債券を購入する。その結果、外国為替市場では自国通貨売り外国通貨買いが進行し、自国通貨は価値を下げ外国通貨が価値を上げることになる。反対に、自国の利子率が海外の利子率よりも高くなった場合には、逆の現象が起こり、自国通貨は価値を上げ外国通貨が価値を下げることになる。たとえば、日本とアメリカの関係を考えると次のようになる。

日本の利子率の引き上げ	⇒	円高・ドル安
日本の利子率の引き下げ	⇒	円安・ドル高
アメリカの利子率の引き上げ	⇒	円安・ドル高
アメリカの利子率の引き下げ	⇒	円高・ドル安

・物価の変動　購買力平価説は外国為替レートの動きを説明する理論として長く知られてきている。この説は、長期的には通貨の購買力が各国で等しくなるように為替レートは決まるとするものである。インフレーションは通貨の購買力の低下を意味する。その場合には購買力

[†]　個人投資家に対して、銀行、生命保険会社、投資ファンドなど組織として投資活動を行うものを意味する。

平価説は自国通貨の価値が下がると主張する。たとえば、日本で120円で買える商品がアメリカでは1ドルで買えるとき、購買力平価説によれば為替レートは1ドル＝120円となる。日本でインフレーションが進み商品の価格が140円になる一方で、アメリカでは物価が安定していて価格が変わらなければ、1ドル＝140円となり円安・ドル高が進行する。もちろん、このような購買力平価がつねに日々成り立っているわけではないが、為替レートの長期的な動きを説明する理論として購買力平価説はいまも有力なものと考えられている。

・**ニュース**　為替レートはさまざまなニュースによっても変動する。たとえば、アメリカで中央銀行が利子率を上げるとの観測がなされると、実際にそのような金融政策の変更がされる前に、ドルは他の通貨に対して価値を上げる。アメリカの利子率が上がるとドル高となると予想されるが、すると将来のドル高を見越して投機取引のために実際の利子率の引き上げの前にドルが買われ、すぐにドル高となる。投機取引とは取引されるものの本来の有用性ではなく価格の変動による利益を目的とした取引である。外国為替市場の場合は、海外との決済のために外国通貨または自国通貨を必要としないが、為替レートの変動による利益を目的として行われる取引である。また、中東で紛争が起きた、あるいはその危険が高まっているとのニュースが流れると、円は他の通貨に対して価値を下げる。なぜなら日本はエネルギーを中東からの石油に依存しており、石油の安定供給への懸念は日本経済への不安に直結し、将来の円安が懸念されるからだ。この場合も投機取引がなされ、ただちに実際に円安となってしまう。このように、為替レートは日々のニュースの影響を受けて大きく変動する。

12-3　輸出・輸入はどうやって決まる？

　日本から輸出される自動車がアメリカでいくらになるかを考えて

第12章　開放経済を分析する　**125**

みよう。簡単化のために、運送費はかからないとすると、アメリカにおける日本車の価格は為替レートの変動とともに変化する。1ドル＝100円と1ドル＝200円の場合を考える。ちなみに、この2つを比べると前者が円高であり、後者が円安となる。同じ1ドルを交換する際の1円当たりの価値を考えるとよい。日本で1台100万円で出荷される自動車のアメリカでの価格は次のようになる。

	日本の出荷価格	アメリカにおける価格
1ドル＝100円	100万円	10,000ドル
1ドル＝200円	100万円	5,000ドル

　この例からわかるように、円高は海外における日本製品の価格を上げて日本製品の売上を減らす、つまり日本の輸出は減少する。逆に、円安は海外における日本製品の価格を下げて日本製品の売上を増やす、つまり日本の輸出は増加する。

　次に、アメリカから日本へ輸入されるオレンジを考えてみよう。運送費はかからないとして1ドル＝100円と1ドル＝200円の場合を考える。アメリカで1ドル相当で出荷されるオレンジの日本での価格は次のようになる。

	アメリカの出荷価格	日本における価格
1ドル＝100円	1ドル	100円
1ドル＝200円	1ドル	200円

　円高は海外からの輸入品の日本国内価格を下げ、日本への輸入を増やす。円安は海外からの輸入品の日本国内価格を上げ、日本への輸入を減らす。

　国内外の景気も輸出・輸入に大きく影響する。海外の主要国で景気拡大が続くと、それらの国々で消費と投資が増加する。すると、海外で自国の製品も売れるようになる。つまり、自国の海外への輸出は増

加する。反対に、海外の主要国で景気後退が続くと自国の海外への輸出は減少する。一方、自国で景気拡大が続くと、国内で消費と投資は増加し、国内で生産された財、海外で生産された財ともに売れるようになる。つまり、海外からの輸入は増加する。反対に自国で景気後退が続くと海外からの輸入は減少する。

輸出・輸入については次のようにまとめられる。

・輸出は何によって決まるか
　　為替レート　　　円高→輸出↓　　円安→輸出↑
　　海外の景気　　　海外の景気拡大→輸出↑　　海外の景気後退→輸出↓

・輸入は何によって決まるか
　　為替レート　　　円高→輸入↑　　円安→輸入↓
　　国内の景気　　　国内の景気拡大→輸入↑　　国内の景気後退→輸入↓

　近年、中国の景気の動きがつねに世界から注目されている。中国の景気拡大は中国の輸入、つまり、中国の貿易相手国の輸出を増加させる。一方、中国の景気後退は貿易相手国の輸出を減少させる。中国経済は世界的に大きな存在となっているために、その景気動向は世界の多くの国々の輸出に影響して世界の景気に影響を与えると考えられる。

12-4　自由な資本移動のある経済
：マンデル・フレミングモデル

　開放経済における財政・金融政策の効果について考えてみよう。*IS-LM*分析のフレームワークを利用する。ここで紹介するのは**マンデル・フレミングモデル**である。マンデル（R. Mundell）とフレミング

第12章　開放経済を分析する　127

（M. Fleming）はともに著名な経済学者で、ここに紹介するモデルは彼らの研究にもとづく。これは開放経済における *IS-LM* 分析といえる。

すでに学んだように、総需要 D は消費 C、投資 I、政府支出 G の合計に加えて輸出 X と輸入 M の差からなる。

$$D = C + I + G + X - M$$

輸出 X と輸入 M の差 $X - M$ を「純輸出」（Net Exports）と呼び、NX と記す。簡単化のために、輸出と輸入ともに為替レートのみに依存すると考える。自国通貨建ての為替レートを e（たとえば、円ドルレートでは1ドル＝ e 円）とすると、輸出 X は e の増加（円安）につれて増加し、輸入 M は減少する。したがって、純輸出 NX は増加する。このことから NX は e によって決まる $NX(e)$ という関数で表わせる。消費 C は GDP Y に依存し、投資 I は利子率 r に依存するとする。また、貨幣供給を M、貨幣需要を $L(Y,r)$ で表すと、*IS-LM* 分析のモデルとマンデル・フレミングモデルは次のように比較できる。

・*IS-LM* 分析

財市場の均衡（*IS* 曲線）　　$Y = C(Y) + I(r) + G$
貨幣市場の均衡（*LM* 曲線）　$M = L(Y, r)$

・マンデル・フレミングモデル

財市場の均衡　　　$Y = C(Y) + I(r) + G + NX(e)$
貨幣市場の均衡　　$M = L(Y, r)$

マンデル・フレミングモデルでは次のことが仮定される。
・貨幣市場では、供給については自国通貨は自国でしか発行されない。そして、需要については自国では自国通貨しか通用しない、つまり、自国内の取引決済には自国通貨が必要である。

・国際経済学で**小国の仮定**と呼ばれるもので、自国経済は世界的にみると小さな存在で世界全体へは影響しない。具体的には、自国の貿易による世界の需要・供給への影響は無視できる。同様に自国の金融政策が世界の利子率に影響しない。

　マンデル・フレミングモデルでは複数の為替レート制度と資本移動制度は考慮されているが、ここでは現在の日本の状況を踏まえて変動相場制のもとでの資本移動が自由な場合を考える。**資本移動**とは高い利子率や利潤率を求めて国境を越えて資金が移動することであり、自由な資本移動とは政府・中央銀行によってその移動に制約が課されないことを指す。

(1) **財政政策の効果**　財政支出の増加の効果を分析する。その効果は**図12-1**で表される。

　財政支出が増加する前の財市場の均衡 IS 曲線を IS_1、貨幣市場の均衡 LM 曲線を LM で示すと、均衡は点 E_1 となり、GDP は Y_1、利子率は r_1 となる。財政支出が増加すると総需要が増加するため、IS 曲線は右方にシフトし IS_2、均衡は点 E_2 となる。そのために、GDP は Y_2、利子率は r_2 となり、GDP は増加し利子率は上昇する。しかし、この状態が続くことはない。国内利子率が上昇すると、海外の債券から自国の債券への買い替えが進み、自国通貨の価値を上昇（ e を下落）させる。すると、純輸出は減少する。総需要は財政支出の増加によって増加するが純輸出の減少により元に戻ってしまう。IS 曲線は左方にシフトし、元の IS_1 に戻る。そして、GDP と利子率も元の水準に戻ってしまう。結局、財政支出の増加によって GDP は変わることはない。

(2) **金融政策の効果**　貨幣供給の増加の効果を分析する。その効果は**図12-2**で表される。

　貨幣供給が増加する前の財市場の均衡 IS 曲線と貨幣市場の均衡 LM 曲線をそれぞれ IS_1 と LM_1 で示すと、均衡は点 E_1 となり、GDP

図12-1 マンデル・フレミングモデル：財政政策の効果

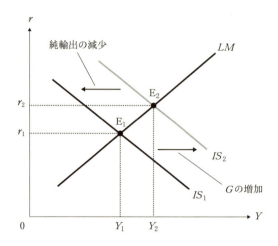

はY_1、利子率はr_1となる。貨幣供給が増加すると、LM曲線は右方にシフトしLM_2となる。すると、均衡は点E_2となり利子率はr_2に下落し、投資が増加するためにGDPはY_2に増加する。しかし、この状態も続くことはない。自国内の利子率が下落すると、自国の債券から海外への債券の買い替えが進み自国通貨の価値を下落（eを上昇）させる。すると、純輸出は増加する。総需要が増加するために、IS曲線は右方にシフトしIS_2となり、均衡は点E_3となる。そのために、GDPはY_3、利子率はr_1となり、為替レートの変化も終わる。貨幣供給の増加はGDPを大きく増加させる。

　IS-LM分析では、財政政策と金融政策はともにGDPに影響を与えるとされた。つまりともに有効とされる。しかし、マンデル・フレミングモデルによれば、金融政策は有効だが財政政策は有効ではない。利子率の変化は為替レートに影響を与え、それは輸出入を通じて総需要に影響するからである。

図12-2 マンデル・フレミングモデル：金融政策の効果

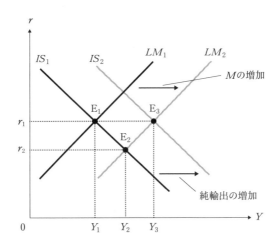

12-5 固定相場制 vs 変動相場制

　固定相場制においては、中央銀行が一定の為替レートで自国通貨と外貨の交換に応じることで為替レートが変動しないようにする。変動相場制のもとでは、為替レートは日々変動し、そして、ときには急速に大きく変化する。これは企業にとっては経営上のリスクとなるうえ、輸入品の国内価格の変動を引き起こすため国内物価水準を変動させる。たとえば、大幅な円安が進むと輸入品の国内価格は上昇する。この点からすると変動相場制よりも固定相場制のほうが望ましい制度のようにもみえる。実際に日本は1940年代終わりから1970年代前半まで世界の主要通貨に対して固定相場制を続けた。とりわけ、1949年から1971年まで1ドル＝360円の為替レートが続いたことはよく知られている。しかし、固定相場制は次のような問題を抱えている。
　第1に固定相場制のもとで、輸入超過による貿易収支の赤字が原因

で経常収支も赤字が続く場合には、国内に残存する外貨は減少を続ける。そのため、中央銀行が一定のレートで外貨への交換に応じることはいずれ困難になる。一方、輸出超過による貿易収支の黒字が原因で経常収支も黒字が続く場合に、中央銀行が一定のレートで外貨から自国通貨への交換を続けると、市中に流通する自国通貨は増え続ける、つまり貨幣供給が過剰となる。このことはインフレの原因となる。以上から経常収支が長期的に均衡していなければ固定相場制は困難である。そして、急速に変化する現在の世界経済の中でそのような為替レートははたして存在するだろうか。

　第2に、資本移動の規制がない場合、つまり、資本移動が自由な場合には、自国と海外の利子率の格差は為替レート変動の大きな圧力となる。固定相場制の維持のためには、自国と海外の利子率に差が生じないようつねに注意しなければならない。このように、固定相場制は自国の貨幣供給や利子率などに大きな制約となる。自国の景気変動に合わせた金融政策などは無理となってしまう。

　日本が固定相場制を採用していた時代には、海外との資本取引は実際に大きく制限されていた。変動相場制移行後の1979年の外為法（「外国為替及び外国貿易法」）改正によって、国際的な資本移動はようやく「原則禁止」から「原則自由」へと大きく変更された。しかし、固定相場制への復帰のために以前のように再び資本移動を厳しく規制することは、いまでは現実的とは考えられない。

第13章

景気循環・経済成長とは何か

は｜じ｜め｜に

　経済活動は、絶えず変化している。短期的には、生産の減少や投資・雇用の縮小といった後退が観察されることがある。一方、長期的には経済の持続的な拡大や生産・所得の増加がみられることもある。この章では、このような経済の変動の原因と要因について考察する。特に、「景気循環」と「経済成長」の概念に焦点を当て学んでいく。この2つは、短期および長期の経済の動向を理解する上で重要な概念となる。これらの理解を深めることで、実際の経済の動向や背後に潜む要因をより明確に把握できるようになる。

13-1　景気循環の考え方

　図13-1は、1994年から2022年までの約30年間における日本の実質GDPの推移を示したものである。ここでの「実質」GDPは、2015年の物価水準を基準として計算されているため、物価の変動の影響を取り除き、異なる年度のデータを直接比較することができるようになっている。このグラフからどういったことが読みとれるだろうか。

　まず2008年ごろと2020年ごろに実質GDPの大きな落ち込みがあ

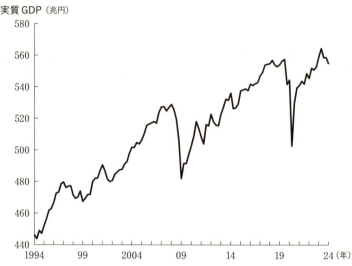

図13-1 日本の実質GDPの推移(季節調整済、2015年価格)

出所:内閣府「国民経済計算」

る。これは世界金融危機や新型コロナウィルス感染症の拡大により、経済活動が停滞し、GDPが大きく下落したことを表している[†]。一方、GDPが落ち込む数年前には、GDPが拡大している局面もある。このような経済の短期的な変動を**景気循環**(ビジネス・サイクル)、あるいは**景気変動**と呼ぶ。

景気循環が生じる要因は多岐にわたるが、経済に影響を与える要因が予期しないかたちで変動すると、経済全体が影響を受け、景気循環が生じる。たとえば、原油価格の急激な上昇(オイルショック)が起きれば、製造業を中心に生産コストが増加し、消費需要が減少し、企

[†] 世界金融危機および新型コロナウィルスによる経済への影響については第14章2節で解説する。

業の収益が悪化する。結果として、生産の抑制や雇用の縮小へとつながり、景気が後退する。逆に、自由貿易協定や経済連携協定の締結により国際的な取引の障壁が低減されれば、輸出をはじめ雇用や投資、ひいては生産も拡大し、景気は拡張する。このように経済は短期的な変動を繰り返しているが、過度な変動を防ぐためには景気対策が必要となる。第8章および第10章で学んだように、経済の安定化を目的として政府や中央銀行が実行する財政政策や金融政策は、景気循環を調節するうえで重要な役割を果たしている。

　また、高校の授業などで、一定の周期で生じる景気の波について学んだことがある読者も多いかもしれないが、現代のマクロ経済学では、経済の変動は前述のような不規則な変動（ショック）によって生じるものと考える。第3章で学んだアニマル・スピリットも、投資を通じて総需要に影響を及ぼす需要ショックの例である。

13-2　経済成長の考え方

　経済成長は、一国の経済規模が時間とともに拡大する現象を指す。これは通常、実質GDPの伸びによって測定される。また、国民の平均的な豊かさや生活水準を示す指標として、実質GDPを総人口で割った1人当たり実質GDPに着目する場合もある。実質GDPあるいは1人当たり実質GDPの持続的な上昇を**経済成長**という。

　図13-2は、過去100年間における、日本を含む6ヵ国の1人当たり実質GDP（国際的な比較を可能にするために、2011年のドルで表示）を示している。この図から、経済成長は地域や時代によって異なるパターンを示すことがわかる。1900年において、アメリカの1人当たり実質GDPは10,000ドルを下回っていたが、2016年には50,000ドルを超え大幅に増加した。日本は1950年代後半から「高度経済成長」と呼ば

第13章　景気循環・経済成長とは何か　**135**

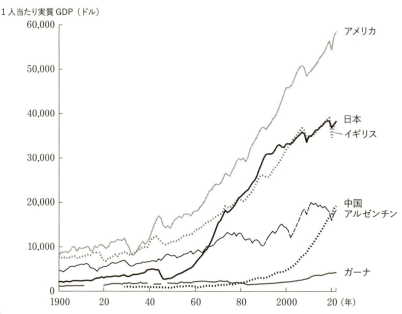

図13-2 6ヵ国における1人当たりGDP

出所：Maddison Project Database、version 2023

れる急激な成長を遂げ、アルゼンチンを追い抜き、1人当たり実質GDPはイギリスと同水準となる4,000ドル近くに達している。中国において顕著な経済成長がみられたのは、この数十年の間である。低成長の国が高成長国に追いつく現象は、キャッチアップ効果と呼ばれる。イノベーションや技術進歩は、グローバル化に伴い国境を越えて急速に伝播しているため、技術が遅れている国々、たとえば1970年代後半以降の中国のような国にとっては、大きな利益をもたらすことがある。一方で、ガーナではこの100年間で持続的な成長は確認されず、生活水準が向上していないことがうかがえる。

13-3 経済成長を計算する

　実質GDPの伸びは（実質）**経済成長率**を用いて計算される。年間の経済成長率は、t年のGDP（Y_t）と翌年のGDP（Y_{t+1}）の差を、その年のGDPで割ることによって計算できる。具体的には以下の式で表される。

$$経済成長率 = \frac{Y_{t+1} - Y_t}{Y_t}$$

　たとえば、ある年のGDPが1,000億ドルで、翌年が1,030億ドルの場合、経済成長率は以下のように計算される。

$$経済成長率 = \frac{1030 - 1000}{1000} = 0.03 \,（または3\%）$$

　このように計算される経済成長率の小さな違いが、長期的には大きな差を生むことを数値例で示してみよう。例として、年間2%の成長率で成長する経済と年間4%の成長率で成長する経済を比較すると、初めは小さな差に見えるが、時間が経つにつれその差は拡大する。初年度のGDPを1,000億ドルとし、50年間の成長を比較すると、年間2%の成長率の経済は50年後に以下のように計算される。

$$1000 \times (1 + 0.02)^{50} \approx 2691億ドル$$

一方、年間4%の成長率の経済は50年後に以下のようになる。

$$1000 \times (1 + 0.04)^{50} \approx 7107億ドル$$

このように長期的な視点でみると、経済成長率の小さな違いが経済規模に大きな影響を与えることがわかる。

13-4 経済成長の3つの要因

　図13-2に示されているように、顕著な経済成長を遂げている国がある一方で、経済成長がほとんど観察できない国も存在する。経済成長を引き起こす要因は何だろうか。マクロ経済学においては、経済成長は、技術水準Aと、資本Kおよび労働Lという3つの主な要因によって可能となると考える。まず技術水準Aの向上は、生産プロセスの効率化や新しい製品やサービスの創出を通じて、経済成長を促進する。また新たな技術が導入されることによって既存の資本Kと労働Lをより有効に活用できるようになるため、生産の可能性を拡大する。前述の技術移転によるキャッチアップ効果も、この要因の一例である。資本Kの増加は、生産設備、建物、インフラなど生産の基盤を拡張し、生産の拡大に寄与する。最後に、労働Lの増加は、労働者数や労働時間の増加により生じ、より多くの労働力が利用可能になると生産活動が拡大し、経済成長を促進する。

　これら3つの要素、すなわち技術水準A、資本K、労働Lの相互作用は、経済成長の基本的なメカニズムを形成するものである。関連する重要な概念として、**コブ・ダグラス型生産関数**

$$Y = AK^{\alpha}L^{1-\alpha} \qquad (0 < \alpha < 1)$$

がある。この関数は、経済の総生産量であるGDP Yが技術水準A、資本K、労働Lによってどのように決定されるかを表している。ここで、資本Kと労働Lの指数であるαと$1-\alpha$は、資本Kと労働Lのそれぞれが生産にどの程度寄与しているかを示すパラメータである[†]。この生産関数は、その柔軟性と実際の経済データの当てはまりのよさから、経済成長モデルに広く用いられており、経済成長率をその構成要素に分解する方法である**成長会計**にも応用される。成長会計は、経

済成長率を、技術水準の成長、資本の成長、および労働の成長の3つの要素に分解するもので、具体的には以下の式で表される。

経済成長率＝技術水準 A の成長率＋α×資本 K の成長率
＋$(1-\alpha)$×労働 L の成長率

ここで、技術水準 A は**全要素生産性**（Total Factor Productivity: TFP）とも呼ばれる。TFP は資本 K や労働 L などの生産要素の増加だけでは説明できない GDP の増加分を示す。また、α は資本 K の1%の増加が α％の経済成長率の上昇に寄与することを意味する。同様に $1-\alpha$ は、労働 L の1%の増加が $(1-\alpha)$％の経済成長率の上昇に寄与することを意味する。成長会計は経済成長の背後にある要因を理解するのに役立ち、政策立案や経済分析において重要なツールである。

13-5 経済成長の理論

経済成長に関する研究の重要性は、多くの著名な研究者がノーベル経済学賞を受賞していることからもわかる。クズネッツ（S. Kuznets）は一国全体の経済活動を計測する方法を開発し、国民総生産（GNP）の概念を標準化した。1971年にノーベル経済学賞を受賞した彼の研究は、一国の経済活動の計測・把握を可能にし、長期的な経済成長率の変動を分析するための基礎を築いた。

1987年には、ソロー（R.M. Solow）がノーベル経済学賞を受賞した。彼が提唱したソロー・モデルは、経済成長を技術進歩、資本の蓄積、

---

† 実際のデータを用いた実証結果から α の値はおよそ1/3であることが知られており、この α は資本分配率とも等しくなる。「資本分配率」とは、労働と資本という生産要素を用いた生産活動により発生した所得のうち、資本に帰属する割合を指す。

第13章 景気循環・経済成長とは何か　139

労働力の増加の3つの要因に分けて考えるものである。これが前節で説明した考え方に他ならない。彼は成長会計も開発し、全要素生産性の成長率は「ソロー残差」とも呼ばれる。ソロー・モデルでは、技術進歩が経済成長の主要な原動力であることを示している。なぜなら、資本と労働はともに**限界生産性**が逓減するため、これらの増加だけでは経済成長には不十分であるからである。限界生産性とは、資本や労働の一方を一定とし、他方を追加的に投入した際に生産量がどの程度増加するかを示すものである。すなわち、資本や労働を追加投入する際、最初は生産量が大きく増加するが、投入量が増えるに従い、その増加幅は次第に小さくなる。これは資本や労働の追加が相対的に過剰となり、効率的な利用が難しくなるためである。このため、持続的な経済成長には技術進歩が不可欠である。しかし、ソロー・モデルでは技術進歩の水準が外生的とされ、経済成長の源泉である技術進歩の要因はモデル内で説明されない。

　この考え方を変えたのは、2018年に受賞したローマー（P.M. Romer）である。彼は技術進歩を経済成長モデルの内部で発生するものと捉え、**内生的成長理論**を打ち立てた。この理論によれば、技術進歩は経済活動の一部として組み込まれ、研究開発（Research and Development: R&D）やイノベーションなどの経済内部の動きによって進行するとされる。その結果、経済成長は長期的に持続可能であるという理論的枠組みが提供された。これらの研究者の理論は、経済成長の構造とその源泉を理解するための基礎を提供し、現代マクロ経済学における重要な理論的枠組みとなっている。

column

景気動向指数と日銀短観

　景気の測定には、どのような指標が用いられるだろうか。第1章のコラムで紹介したように、四半期別GDPは景気判断のための重要な経済指標となるが、季節調整など速報値でもその作成には時間がかかる。そのため、**景気動向指数**と**日銀短観**が利用されることも多い。

　景気動向指数は、内閣府によって作成、公表されており、経済の現状および将来の動向を把握するために用いられる。この指数は、先行指数、一致指数、遅行指数の3つのカテゴリーに分類され、それぞれの指数は経済活動のさまざまな側面を示す複数の指標にもとづき構成されている。

　先行指数は、経済の将来の動きを予測するために使用され、東証株価指数や実質機械受注など、経済が上向きまたは下向きに転じる兆しを示す指標を含む。一致指数は現在の経済活動の状況を反映し、鉱工業生産指数や有効求人倍率など、経済が拡大しているか縮小しているかを示す指標である。遅行指数は経済活動の変化が発生した後に変動し、完全失業率や企業の在庫水準など、景気の山や谷の確認に役立つ指標を含む。

　景気動向指数を算出する議論を踏まえて、景気基準日付が設定される。これらの日付は経済循環の各段階を特定するために用いられ、景気の山や谷を示すことで、経済が拡大期にあるのか、縮小期にあるのかを区別する。景気基準日付を通じて、経済の上昇期や下降期を明確にし、経済の分析や政策の立案にはこれらの情報をもとに適切な意思決定が可能となる。直近の景気基準日付においては、2012年11月が景気の谷、2018年10月が山、2020年5月が谷とされる。

日銀短観は、日本銀行が四半期ごとに全国の約1万社の企業を対象に実施する調査の略称であり、正式には「全国企業短期経済観測調査」という。海外でもTANKANの名称で知られている。製造業と非製造業を含む幅広い業種の企業を対象として、企業が自社の業況や経済環境の現状・先行きについてどう考えているか、売上高や収益など、企業活動全般にわたる項目について調査し、集計する。この調査結果は金融政策の適切に運営するための基礎となる。

第 **14** 章

日本経済を考える
マクロ経済学の応用

は｜じ｜め｜に

　最終章では、これまで学習してきた内容を使って実際に日本経済に起きたこと・起きつつあることを考察し分析していく。基本的なマクロ経済学を現実の日本経済の大きな問題の分析に応用していく。その対象は、1980年代後半から90年代初めに起きたバブル景気、「失われた30年」とも呼ばれるバブル景気以降の日本経済の長期低迷、そして、現在すでに大きな問題となっている少子高齢化の3つの問題である。

14-1　バブルの発生と終焉

　1980年代後半から1990年代初めにかけて日本経済は空前の活況を経験した。それから30年たった後も、しばしば語られるほど人々に強い影響を与えたできごとであった。これがいわゆる「バブル景気」である。**バブル景気**は、不動産や株式などの資産の価格の高騰とそれと同時に起きた消費の拡大によって特徴づけられる。ここでは、バブル景気がどのようにして始まり、どのように終焉したのかをみていく。また、バブル景気の残した影響も考えていく。

143

「バブル」とは泡の意味である。バブル景気は実際に日本経済にとって空前の好景気であったが、それが長く続かないような仕組みで進み、景気の山を越えた後は急速に景気が収縮していった。そのために、大きく膨れて急速にしぼむ泡にたとえられてバブル景気と呼ばれる。

バブル景気はどのように始まったのだろうか。1980年代前半はアメリカのレーガン政権のもとで、円を含む主要通貨に対してドルが高い価値を保ち続けていた。このドル高はアメリカの輸出・輸入に大きな影響を与え貿易収支の赤字を大きくする一因と考えられた。この不均衡の解消のためにG5（アメリカ、日本、イギリス、フランス、西ドイツ）は1985年9月にプラザ合意を発表した。**図14-1**にみられるように、実際にドル高は是正され、円高が急速に進行した。しかし、このことは、日本の輸出産業に打撃を与え日本は円高不況と呼ばれる景気後退に陥った。そこで、日本銀行は円高の進行をいくらかでも防ぐために1986年始めから、公定歩合を急速に引き下げ低金利政策を推し進めた†。**図14-2**からその動きがわかる。

低金利の資金は不動産市場・株式市場へ投機資金として流れていった。不動産価格・株式価格の上昇による利益を期待して不動産・株式などの需要が大きく伸び、実際にその価格は急速に上昇した。それは、さらなる価格上昇の期待を生み投機資金の流入が続き、そのために、価格はさらに上昇を続けた。**図14-3**と**図14-4**からこの時期の株式価格と不動産価格の急速な上昇がわかる。すでにその価格は経済の実態からは乖離した高い水準となっていた。たとえば、土地の価格はその土地を利用した経済活動（店舗の建設、貸しビルの建設など）による利益を反映したものを大きく上回るようになった。資産保有者は資産価値の高騰により、消費を大きく伸ばした。消費は所得に大きく影響さ

---

† 利子率と為替レートの関係は第12章2節を参照せよ。

144

図14-1 ▶ 円ドル為替レート

出所：日本銀行ホームページ

図14-2 ▶ 公定歩合（基準割引率および基準貸付利率）

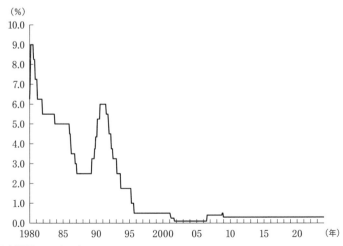

出所：日本銀行ホームページ

図14-3 ▶ 東証株価指数TOPIX

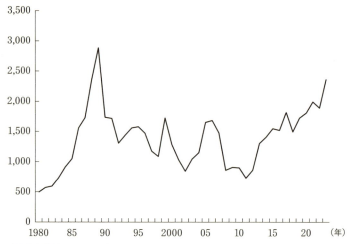

出所：日本証券取引所ホームページ

図14-4 ▶ 地価と名目GDP

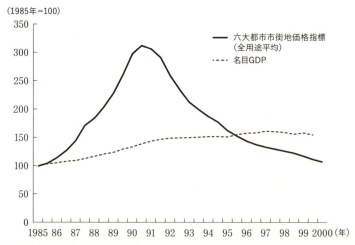

出所：日本銀行「調査月報」2000年10月号

れるが、それとともに家計の資産も消費に影響する。たとえば、所得が同じ家計であっても保有する資産が多い家計は消費支出が多くなる傾向がある。これは「消費における**資産効果**」と呼ばれる。不動産や株式などの資産価値の増加は消費を刺激した。こうしてバブル景気が到来した。

　しかし、すでに述べたように不動産価格・株式価格の高騰は経済の実態にもとづいた需要によるわけではなく投機取引によるものであった。土地にビルを建ててその家賃で収益を得る、株式からの配当を得るというようなことを目的としたものではなく、その価格のさらなる上昇を期待して利益を得ようとするものであった。そのために、価格上昇が期待できないとなれば資金は不動産市場・株式市場から一斉に引き上げられ、価格は急速に下落する。また、永遠にその価格の上昇が続くと期待するのも無理である。

　政府と日本銀行は経済の実態を離れた不動産価格・株式価格の高騰に対して懸念を持ち、投機抑制のために1989年以降公定歩合引き上げをはじめ金利の引き上げを始めた。**図14-2**からも1991年半ばまでの急速な引き上げが分かる。また、金融機関の不動産融資について規制を始めた。これは総量規制と呼ばれる。そのために、不動産・株式の投機取引が一気に減退し、価格は急降下していった。バブル景気はこのようにして終わっていった。

　金融機関による不動産・株式の投機取引への融資は回収できないものが大量に発生した。不動産価格・株式価格の急降下のために多くの融資先が経営困難となり、また、担保とされていた不動産なども価格下落のためにその価値が融資金額よりも低くなることが発生した。こうして、金融機関は大量の回収できない融資、つまり、不良債権を抱えるようになった。

　日本経済は、バブル景気後に金融機関の大量の不良債権の処理に苦しむこととなった。また、それは日本経済を長く停滞させることと

第14章　日本経済を考える　147

なった。これまで説明したバブル経済をめぐる流れをまとめると次のようになる。

プラザ合意　1985年
- ⇒　急速な円高の進行
- ⇒　輸出産業へ打撃（円高不況）　1986年
- ⇒　円高の進行を抑えるために金利引き下げ
- ⇒　低い利子率の資金による不動産・株式の投機取引
- ⇒　不動産・株式価格の高騰
- ⇒　資産効果による消費の増加
- ⇒　バブル景気
- ⇒　金利引き上げ　1989年10月・総量規制　1990年
- ⇒　不動産・株式の投機取引が一気に減退、価格下落（バブル崩壊）
- ⇒　金融機関の大量の不良債権の発生

14-2 「失われた30年」とは何か

　日本経済は、「失われた30年」と呼ばれるように、バブル経済崩壊以降、不況が続き、低成長とデフレが継続した。需要不足と貯蓄過剰が生じ、低成長、低インフレ、低金利の状態が長期にわたって続く「長期停滞」に陥った。日本では、2012年から2020年までに実施された、大幅な金融緩和と公共事業を中心とした財政政策、民間投資を引き出す成長戦略による「アベノミクス」によって、雇用や株価は力強い経済指標を示した。しかし、人手不足や賃金の限定的な上昇、少子高齢化や財政赤字の拡大が重くのしかかり、デフレが継続し、景気回復や経済成長が実感できない経済状況が続いた。
　長期停滞は、日本だけでなく欧米先進諸国も同様である。その原

因は主に次の4点が指摘されている。第1に、バブル経済の崩壊である。バブル景気に似た現象はアメリカなどの海外諸国でもみられる。バブル経済崩壊に伴い、総需要の低下と過剰な供給能力が生み出され、財市場では物価は低迷し、金融市場では低金利となった。第2に、「グローバル・インバランス（世界的な貿易不均衡）」である。本来、先進国は貯蓄過剰（投資＜貯蓄）である一方、発展途上国は貯蓄不足（投資＞貯蓄）であるため、世界全体の貯蓄・投資のバランスは維持されていた。しかし近年、中国を中心とした新興国が消費や投資を控え、国内の貯蓄を増やすことによって、世界全体が過剰貯蓄となり、デフレ圧力が生じている。第3に、人口減少や高齢化の進行である。先進国ではかつて人口増加が経済成長を促進する恩恵を享受してきたが、今後は人口減少による経済成長の制約を経験する。第4に、所得格差の問題である。低所得者は消費性向が高いが、高所得者に富が集中すると貯蓄される傾向が強いため、需要不足となる。

　こうした長期停滞が続く中、アメリカの住宅バブルの崩壊によってサブプライム・ローン関連証券を大量に購入していた投資銀行リーマン・ブラザーズが2008年に経営破綻し、「リーマン・ショック」と呼ばれるアメリカ発の世界金融危機が発生した。1990年代以降、金融のグローバル化が進み、さまざまな取引手段を用いて市場で利益を追求するヘッジファンドを中心に、金融投機や債券の取引が活発になっていた。空前の住宅ブームであったアメリカの銀行は、低所得者に対して、返済当初は低い利子率で提供されたサブプライム・ローンとして住宅ローンを貸し出した。本来であれば、ローンを組むことができない低所得者層までもマイホームを購入した。アメリカの銀行は、高リスクであるサブプライム・ローンを証券化し、他の社債等と組み合わせて、これをヘッジファンドや他の銀行に販売し、利益を得た。

　しかし住宅バブルが崩壊すると、返済不能者が続出し不良債権が発生した。この影響はアメリカだけでなく日本にも波及し、リーマ

第14章　日本経済を考える　149

ン・ショック直後の2008年10月末に日経平均株価はバブル後より低い26年ぶりの安値水準である6,994円を記録した。世界的に総需要は低下し、日本では円高が進んだ。同時に国内の総需要も減少し、景気が後退した。「100年に一度の津波」と呼ばれるこの危機を脱するために、世界的な低金利政策と積極的な財政政策が行われた。

　リーマン・ショックから立ち直りつつあったときに、2019年末から始まった新型コロナウィルスの感染拡大によって、世界的な経済停滞が引き起こされた。日本でも新型コロナウィルスの感染拡大により犠牲者が増加したことはいうまでもなく、緊急事態宣言による外出自粛や操業停止などの行動規制により、総供給が大きく減少する供給ショックが生じた。その結果、GDPが大幅に低下し、従業員の給与や雇用も失われた。他方、緊急事態宣言やロックダウンによって、外出や外食、旅行等による総需要が大幅に減少する需要ショックも発生した。

　こうしたコロナ危機と経済対策について、アメリカの経済学者のクルーグマン（P. Krugman）が総需要・総供給モデルで説明した[†]。新型コロナウィルスのパンデミックの特徴は、通常の需要の減退や生産の縮小ではなく、経済活動の自粛によるものである。**図14-5**に示すように、物価はP_1とし短期的には急激に変動しないと仮定し、コロナ禍前のGDPは完全雇用水準のY_1であると想定しよう。その際、総供給が急激に縮小する供給ショックが生じれば、総供給曲線はAS_1からAS_2へと左方にシフトし、$Y_1 - Y_2$間のGDPが減少し、失業が発生する。この供給ショックによって生じた失業を総需要政策によって無理に打ち消そうとすれば、経済活動を行うことを意味し、感染拡大

[†]　本文の記述は、柏木亮二「新型コロナウィルス経済ショックのマクロ的位置付け（1）マクロモデルによる概観」（野村総合研究所、2020年4月1日）を参照している。

図14-5 ▶ コロナ禍における総需要ショックと総供給ショック

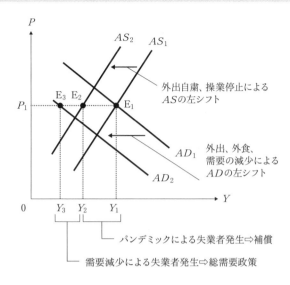

を生じさせる。したがってこの失業は回避不可能な失業であり、政府が総需要刺激策によって打ち消すべきではないと指摘される。むしろ可能な対策は、政府が経済活動を刺激せずに、現金による所得補償や損失補塡、国税・地方税・社会保険料・公共料金等の支払い延期・猶予・免除を実施することである。他方、総需要が急激に縮小する需要ショックが生じれば、総需要曲線はAD_1からAD_2へと左方にシフトし、Y_2-Y_3分のGDPが減少する。この需要ショックによってもたらされる失業は、一般的な景気後退局面と同じだから、政府による財政・金融政策による総需要政策によって回避することが可能な失業である。

このクルーグマンの分析に従えば、コロナ禍における経済ショックの大半は、サービス業を中心とした供給側の経済活動の自粛によって総供給が大幅に減少した供給ショックによるものとみてよい。経済

困窮によって人々の生活基盤が破壊されないように、政府は主に次のような特例措置を講じた。総需要を喚起するための特別定額給付金、失業者を減少させるための雇用調整助成金、さらに企業が破綻しないための休業支援金などである。

14-3 深刻な少子高齢化にどう対応するか

　日本経済は**少子高齢化**という深刻な社会的変化に直面している。この問題はその名のとおり「少子化」と「高齢化」という2つの現象によって構成される。これらを順にみていこう。**図14-6**の棒グラフは、出生数 (左軸) を、折れ線グラフは**合計特殊出生率** (女性1人が生涯に産む子どもの平均数、右軸) の推移を示している。1970年代まで、日本の出生数は200万人を超えることもあったが、合計特殊出生率の低下とともに減少し続け、2022年には77万人にまで落ち込んだ[†]。現在の出生率は、人口を長期的に安定させる水準であるとされる2.07を大きく下回る1.26にとどまっている。その結果、2023年時点での日本の総人口はおよそ1億2000万人となっており、過去10年以上にわたって連続して減少している。

　図14-7は、総人口に占める65歳以上の高齢者の割合、すなわち**高齢化率**の推移 (2025年以降は推計値) を示したものである。1960年代から高齢化が進行し始め、以降、高齢者の割合は一貫して増加している。2000年代からの高齢化率の上昇は特に顕著で、先に述べた人口減少の影響もあり2021年には28.9%に達した。日本は、世界でも稀

[†] 1966年には前後の年と比べて出生数が顕著に減少した。この年は「丙午 (ひのえうま)」という干支の年に当たり、この年に生まれた女性は気性が激しいとされる迷信が当時広く信じられていたためである。

図14-6 ▶ 出生数および合計特殊出生率の推移

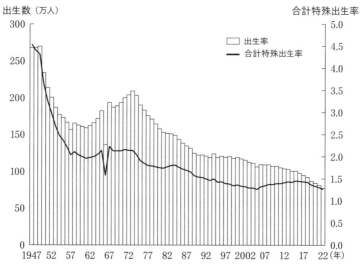

出所：厚生労働省「令和2年版厚生労働白書」

図14-7 ▶ 高齢化率の推移

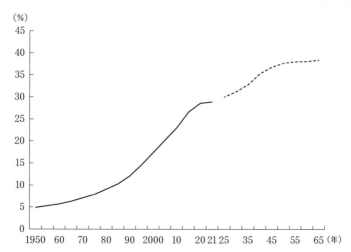

出所：総務省統計局

第14章 日本経済を考える　153

に見る高齢社会へと移行しており、高齢化率は過去最高を更新し続けている。将来的には、高齢化率が約40%に達すると予測されている。

　少子高齢化がマクロ経済に与える影響については、第9章で触れた労働力人口の減少が主要因となる。労働力人口が減少する理由は、少子化の進行で潜在的に労働に就くことができる生産年齢人口が減少し、同時に高齢化が進むことで非労働力人口が増加するからである。第13章で扱った生産関数で考えると、労働力人口の減少は経済成長の鈍化をもたらす原因となる。さらに、労働力人口の減少は所得税をはじめとした税収の減少にもつながり、第5章で学んだ財政において社会保障費の増大が財政赤字の拡大を促すことになり、結果として日本経済に重大な負担をもたらすことが予想される。

　しかし、少子高齢化の影響はこれにとどまらない。第3章で考察したライフ・サイクル仮説によれば、高齢化に伴い貯蓄の取り崩し期間が延長するなど経済全体でみた貯蓄が減少することになる。すでに学んだとおり、貯蓄と投資が等しくなることから、このような貯蓄の減少は投資の減退を招くことになる。このため少子高齢化は、労働力人口の減少に加え、長期的には生産設備や資本ストックの縮小へとつながる。資本ストックも生産に必要な投入要素の1つであり、これらの投入要素が減少すると、結果として産み出されるGDPの低下が避けられない。すなわち、少子高齢化は労働と資本の双方から日本経済の潜在成長力を侵食しているのである。

　これらの課題に対応するため、政府は外国人労働者の受け入れ政策に目を向けている。2021年時点での外国人労働者数は約174万人に達し、政府は「特定技能」の新規在留資格の導入や受け入れ分野の拡大など、労働力の確保に向けた取り組みを強化している。このような外国人労働者や移民の拡大が受け入れ国のマクロ経済に与える影響について、どのように考えればよいだろうか。日本における外国人労働者に関する研究は、データの制約などの理由で、質と量の両面で不足

しているのが実情である。しかし、2019年から厚生労働省が実施する「賃金構造基本統計調査」に在留資格の項目が加えられた結果、外国人労働者の賃金や勤続年数などのデータが利用可能となった。これらのデータの蓄積により、日本における外国人労働者に関する研究の進展が期待されている。

一方、アメリカやイギリスのデータをもとにした研究では、合法移民は概して若く、職を持っており、その結果として租税を適切に納めることから、財政にプラスの影響を与えることが示されている。こうした移民による税収の増加が生産的な公共資本に適切に配分されれば、国にとって利益になるとも考えられる。第9章で検討した労働市場については、移民が受け入れ国の労働者の賃金や失業率に影響を与えないとする実証研究も多く存在する。

外国人労働者の受け入れが有効だとしても、労働力の減少を完全に補塡することは現実的ではないため、出生率の向上や高齢者の社会参加の促進も重要である。日本は、労働市場の柔軟化、女性や高齢者の職場参加の積極的な促進、子育て支援の強化など、内外からの労働力確保に加え、機械化・自動化の推進など多角的なアプローチを求められている。これらの施策を通じて、少子高齢化に対応し、持続可能な経済成長を目指すことが、今後の日本における重要な課題である。その中でも、情報通信技術 (Information and Communication Technology: ICT) への投資の増加や技術革新を促進するための研究開発活動への積極的な取り組みは、これらの施策を補完し、さらに加速する効果を持っている。先進国の中でも比較的低い水準とされる日本のICT投資を強化することで、労働生産性の向上や新たな産業の創出が期待される。また、未来を見据えた技術進歩は、社会の持続可能性を高め、高齢者や女性を含む幅広い層の社会参加の促進にも寄与するだろう。

第14章　日本経済を考える　155

索引

A-Z

*AD*曲線　104
*AD-AS*モデル　106-107, 109
*AS*曲線　105
GDP（国内総生産）　7, 33-37
　　——デフレータ　15
　　——速報値　17-18
　　実質——　13
　　名目——　13-14
GNP（国民総生産）　9
*IS*曲線　82-83, 87
*IS-LM*モデル　87-90
*LM*曲線　84-87
M1　60
M2　60
M3　61

あ

アニマル・スピリット　30
アベノミクス　148

い

イールド・カーブ　64-65
インフレーション（インフレ）　19,
　　111-113
　　コストプッシュ・——　113
　　ディマンド・プル・——　112
　　ハイパー・——　113
　　——・ヘッジ　114

う

「失われた30年」　148

え

円高　126
　　——不況　144
円ドル為替レート　145
円安　126

お

オイルショック　20

か

外貨準備　121
外国為替レート　119
外国人労働者　154-155
家計　2-3
可処分所得　44
貨幣　57
貨幣需要関数　74
完全雇用　99
　　——GDP　99

き

機会費用　74
企業　2-3
企業物価指数　15-16

企業別労働組合　102
季節調整値　18
基礎的財政収支　51
金融緩和　77
　量的・質的——　72, 79
金融市場　2-3
金融収支　121
金融政策　16, 61-62, 77, 87, 90,
　106
金融引き締め　77

|く|

クズネッツ, S　139
クラウディング・アウト　88
グローバル・インバランス　149

|け|

景気循環 (ビジネス・サイクル)　133-
　135
景気動向指数　141
景況感　10
経済主体　1
経済成長　135, 138
　——率　137
経常収支　121
ケインズ, J・M　4-6, 22, 30
　——型の消費関数　24
　——の投資関数　29
ケインズ経済学　4
限界消費性向　23
現金通貨　60

|こ|

合計特殊出生率　152

行動経済学　31
公債依存度　48
公定歩合　78
高度経済成長　135
購買力平価説　124-125
効率賃金仮説　99
高齢化率　152
コールレート　78
国債　50, 63
国際収支表　120-123
国内総支出　11
国内総所得　10
国内総生産 (GDP)　7, 33-37
国民総生産 (GNP)　9
個人消費　19
固定相場制　119, 131-132
コブ・ダグラス型生産関数　138

|さ|

サーチ・コスト　100
サーチ理論　100
在庫投資　12
財市場　2-3
歳出　46
財政政策　26, 47, 51, 83-84, 87-
　90, 101, 129, 148
　緊縮的な——　83
歳入　46
サブプライム・ローン　149
サプライ・サイド　108
三面等価の原則　11

|し|

市場　1
自然失業率　118

索引　157

失業（者）　92-95
　構造的——　99
　非自発的——　99
　摩擦的——　100
　——率　92-93
実質経済成長率　14
実質賃金　95-96
ジニ係数　54
資本移転等収支　121
資本移動　129
社債　63
就業者　92
終身雇用制　102
住宅投資　12
準備預金　62
証券投資　121
小国の仮定　129
少子高齢化　152
乗数　37
　貨幣——　71
　——効果　39, 45-46
　信用——　71
　政府支出——　45
　租税——　45
　投資——　37
消費　11
　——関数　21
　——の平準化　24
消費者物価指数　15-16
消費税　49
所得税　49
新古典派経済学　4
信用創造　69-70

| す |

スタグフレーション　113

| せ |

生産年齢人口　91-92
成長会計　138-139
政府　2-3, 43
政府支出　11
政府債務残高GDP比率　53
世界金融危機　94, 134, 149
設備投資　12
ゼロ金利政策　78
全要素生産性　139

| そ |

総供給　11
　——曲線　105-106
総需要　11
　——曲線　103-104
総量規制　147
租税　10
ソロー, R・M　139
ソロー残差　140
ソロー・モデル　140

| た |

第1次所得収支　121
第2次所得収支　121

| ち |

中央銀行　61
　——の独立性　62
直接投資　121
賃金の硬直性　99

158

て

ディマンド・サイド　108
デフレーション（デフレ）　111
　　——・スパイラル　113

と

投機取引　120, 125
投資　11-12
　　——関数　29-30
　　——の限界効率　28
　　ICT——　155

な

内生的成長理論　140

に

日銀短観　142
日本銀行　61
ニュース　125

ね

年功序列賃金　102

は

バブル景気　143-144

ひ

ビルト・イン・スタビライザー
　47
非労働力人口　92

ふ

フィッシャー効果　66-67
フィリップス曲線　116
付加価値　7-8
物価（水準）　15-16
プライマリー・バランス　51-52
プライムレート　64-65
プラザ合意　144
不良債権　147

へ

変動相場制　120, 131-132

ほ

法人税　49
貿易・サービス収支　120
法定準備率　62

ま

マイナス金利政策　79
マクロ経済学　3, 5, 7
マネー・ストック　59-61, 70
マネタリー・ベース　70
マンデル・フレミングモデル
　128-131

み

ミクロ経済学　3-4
民間消費　11
民間投資　11

索引　159

|め|

名目経済成長率　14
名目賃金　95
メニュー・コスト　115

|ゆ|

有効需要　5
　──の原理　33-34
輸出・輸入　126-127

|よ|

預金通貨　60
預金準備率　62

|ら|

ライフ・サイクル仮説　25-26, 154

|り|

利子率　63, 82-90

実質──　66-67
短期──　64
長期──　64
リーマン・ショック　149
流動性　75
　──のわな　76

|れ|

連邦準備制度　61
連邦準備銀行　61-62

|ろ|

労働供給曲線　96
労働市場　2-3, 91-102
労働需要曲線　96
労働力人口　92
ローレンツ曲線　54

|わ|

ワーキングプア　102

【著者紹介】

池野秀弘 (いけの ひでひろ)

日本大学商学部教授
ジョンズ・ホプキンス大学大学院修了。Ph.D.（経済学）。国際通貨基金（IMF）エコノミスト、駿河台大学経済経営学部教授等を経て現職。主要業績に、"Pairwise tests of convergence of Japanese local price levels"（*International Review of Economics & Finance* 31, 2014）など。

木口武博 (きぐち たけひろ)

日本大学商学部准教授
オックスフォード大学大学院修士課程、ロンドン大学大学院博士課程修了。Ph.D.（経済学）。国際通貨基金（IMF）インターン、早稲田大学商学学術院助教、京都先端科学大学経済経営学部准教授等を経て現職。主要業績に、"Immigration and Unemployment: A Macroeconomic Approach"（共著、*Macroeconomic Dynamics* 23 (4), 2019）など。

木村雄一 (きむら ゆういち)

日本大学商学部教授
京都大学大学院経済学研究科博士後期課程修了。博士（経済学）。一橋大学社会科学古典資料センター助手、埼玉大学教育学部准教授、日本大学商学部准教授等を経て現職。主要業績に、『カルドア　技術革新と分配の経済学——一般均衡から経験科学へ』名古屋大学出版会、2020年など。

はじめて学ぶマクロ経済学

2025年1月30日　初版第1刷発行

著　者―――池野秀弘・木口武博・木村雄一
発行者―――大野友寛
発行所―――慶應義塾大学出版会株式会社
　　　　　　〒108-8346　東京都港区三田2-19-30
　　　　　　TEL 〔編集部〕03-3451-0931
　　　　　　　　〔営業部〕03-3451-3584〈ご注文〉
　　　　　　　　〔　〃　〕03-3451-6926
　　　　　　FAX 〔営業部〕03-3451-3122
　　　　　　振替　00190-8-155497
　　　　　　https://www.keio-up.co.jp/
装　丁―――米谷豪
ＤＴＰ―――アイランド・コレクション
印刷・製本――中央精版印刷株式会社
カバー印刷――株式会社太平印刷社

©2025 Hidehiro Ikeno, Takehiro Kiguchi, Yuichi Kimura
Printed in Japan ISBN 978-4-7664-3003-5

慶應義塾大学出版会

はじめて学ぶ経済学
第3版

関谷喜三郎・池野秀弘・安田武彦・
大島考介・木村雄一 著

経済学初学者のための入門書を最新の動向にあわせて改訂した第3版。経済学部はもちろん、会計・マーケティング・経営戦略などを学ぶ学生にも必要なミクロ／マクロ経済学の基礎知識を精選、徹底して平易・丁寧に解説する。

A5判／並製／170頁
ISBN 978-4-7664-2795-0
定価 1,980円（本体 1,800円）
2022年2月刊行

◆主要目次◆
はしがき
第1部　ミクロ経済学を学ぶ
第1章　市場とは何か
第2章　需要を考える
第3章　供給を考える
第4章　市場における価格の役割
第5章　不完全競争
第6章　公共財と外部性
第7章　情報の非対称性
第2部　マクロ経済学を学ぶ
第8章　経済循環とマクロ経済
第9章　経済活動の大きさを測る
第10章　国内総生産はなぜ変動するのか
第11章　経済活動の安定性を左右する要因
第12章　経済活動と金融
第13章　経済政策の効果
第14章　グローバル経済を考える
第15章　現代経済の課題